Hamburgers'n'guns

l'America dagli occhi di un europeo

Sommario

Riordinare le idee non è mai semplice. Il viaggio è stato lungo e le esperienze vissute tante. Gli aneddoti e le storie di persone incontrate lungo il cammino mi portano a scrivere, in modo che con il passare del tempo rimangano qui, anche a percorso concluso, per non dimenticare l'esperienza che ho vissuto in questo periodo trascorso lontano.

Questo è il racconto di un anno passato all'estero, lontano da famiglia e amici, in una delle nazioni più contraddittorie del mondo, gli Stati Uniti d'America, e nasce dal sentimento di rivivere tramite il racconto il mio vissuto, la quotidianità di un paese che molto spesso viene dipinto come il paese delle opportunità, ma che nella realtà dei fatti presenta un sistema con delle lacune sociali molto importanti, se messo a confronto con i sistemi degli stati del vecchio continente.

Il racconto sarà diviso in capitoli, che racconteranno particolari parti del viaggio con aneddoti, che permetteranno importanti spunti di riflessione. La mia permanenza negli USA, seppure limitata a poco più di un anno, porta con sé diversi contenuti, che agli occhi di noi europei possono sembrare appartenenti a un universo lontano.

L'occidente, in questo senso, presenta dei percorsi al progresso della società a volte molto differenti l'uno dall'altro. Gli Stati Uniti sono infatti una nazione con una storia molto più recente rispetto alla maggior parte dei paesi del Vecchio Continente, e questo fa sì che le differenze culturali siano molto marcate.

Questo viaggio mi ha permesso di crescere molto e di valutare la mia vita sotto differenti aspetti. È stata la prima volta in cui mi trovavo a vivere completamente in solitudine, a cercare di convivere con i miei pensieri in un periodo ancora duro, il Covid si faceva ancora sentire, e cercare di evitare il pensiero ricorrente, quello di casa e della vita che mi lasciavo alle spalle, per gettarmi nell'ignoto.

Ho scelto questo titolo molto rappresentativo di quello che è la cultura americana, molto stereotipata da parte di noi europei, ma che raggiunge una dimensione più ampia solo ascoltando i racconti di un popolo molto sui generis, con delle differenze molto marcate tra classi sociali e addirittura in base alla posizione geografica all'interno della nazione.

Questa esperienza inizia il 7 settembre 2021, giorno della mia partenza per Columbus, Ohio, città dove mi trasferisco per studiare all'università e frequentare un Master of Business and Administration, quello che in Italia chiameremmo master in gestione d'impresa.

Fino a ridosso della partenza non ho mai percepito l'ansia, perché probabilmente non mi rendevo conto di quello che stavo realmente facendo, la portata di questa avventura e quello che avrebbe rappresentato per il mio futuro.

Tutto cambia però nei giorni immediatamente antecedenti della partenza, quando inizio realmente a percepire la realtà dei fatti; "sto per partire" mi ripetevo emozionato nella mia testa, sforzandomi di immaginare quella che sarebbe stata la mia vita lontano da casa.

Il primo problema da affrontare, ancora prima della partenza, è stato l'approccio alla burocrazia americana. Fino a questa esperienza ho sempre pensato che la burocrazia italiana fosse estenuante, ma la quantità di scartoffie da compilare e di certificati da avere per ottenere il via libera dagli USA mi ha fatto capire che la burocrazia è un fattore comune ai due paesi e che, nel caso degli Stati Uniti, in alcuni casi è addirittura peggio della nostra.

Tutto inizia con la richiesta all'università di poter prendere parte al corso, tappa obbligatoria del percorso di universitario, specialmente se studenti dall'estero. Dopo questo primo approccio, iniziano le interminabili ore passate a cercare tutti i documenti necessari e gli attestati che certificassero il mio percorso di studio in Italia, per poi essere spedito, per posta raccomandata, ad un ente che traducesse e certificasse che la mia laurea fosse effettivamente valida, tutto questo accompagnato da una lettera che spiegava cosa volessi andare a fare, in modo tale che gli incaricati alla mia valutazione potessero capire cosa sarei effettivamente andato a fare negli Stati Uniti.

Con il via libera dell'ente esterno, sono passato alla valutazione interna dell'università, che era chiamata a valutare e decidere se fossi il candidato ideale, scoprendo in seguito che la mia preoccupazione era del tutto infondata, in quanto l'università accetta nel 99% dei casi le richieste degli studenti dall'estero, dato che per le istituzioni scolastiche americane è quasi un vanto avere degli studenti provenienti da altre nazioni.

Dopo essere finalmente stato accettato dall'università ed essere ufficialmente uno studente universitario in America, è venuta la parte più assurda ed estenuante della preparazione al viaggio, la richiesta del visto. Seppure fossi già uno studente iscritto all'università, lo scoglio più grande era ancora da sormontare, in quanto lo stato avrebbe potuto decidere di non rilasciarmi il visto che mi avrebbe permesso l'ingresso sul suolo statunitense.

La prima fase di questo processo è la compilazione di un modulo di richiesta, per la durata complessiva di due ore, in cui lo stato americano ti chiede di tutto, dalle informazioni generiche, come dati famigliari, studi pregressi, fino a scendere in particolari, come precedenti penali per droga, prostituzione e terrorismo, o se si sia mai stati implicati in traffici di organi e bambini, finendo col chiedere se l'intenzione del viaggio possa essere quella di compiere qualche atto illecito negli USA.

Finito questo modulo era giunta finalmente l'ora di prendere appuntamento per il colloquio finale, dove un agente dell'ambasciata ti pone delle domande inutili, in quanto già risposte nel succitato modulo, e per dirti ufficialmente se il visto verrà o meno rilasciato. Tutta questa parte dura circa quattro ore di attesa per un colloquio da cinque minuti.

Dopo questa iniziale esperienza con la burocrazia americana ho iniziato ad apprezzare di più le scorciatoie italiane, che permettono il compimento di tutte le pratiche in tempi molto più ristretti del normale.

Dopo aver ricevuto la conferma da parte dell'ambasciata e col visto in mano era giunto il momento di partire. L'ultimo tassello mancante prima della partenza, una parte cruciale di ogni viaggio, è stato la preparazione della valigia, che implicava l'impacchettamento di tutte le cose più importanti che aveva senso conservare nel viaggio, oltre a vestiti e generi alimentari di prima necessità, che difficilmente si riesce a reperire in America.

A questo punto la partenza era dietro l'angolo, e con il biglietto per la partenza prenotato era giunta l'ora di salutare famiglia e amici, e partire.

Ancora oggi mi commuovo al pensiero dei miei genitori all'aeroporto per i saluti prima della partenza. Per un genitore è sicuramente un'emozione grande vedere partire il proprio figlio e rimanere distanti per un lungo periodo, ma dall'altra parte è altrettanto dura, specialmente se si tratta della prima esperienza lontano da casa.

Da qui in poi mi trovavo da solo, a dover badare a me stesso e pensare a quello che sarebbe stata la mia vita di lì a poco. Per colpa del Covid viaggiare negli Stati Uniti al tempo era una vera sfida, sia dal punto di vista del viaggio in sé- gli USA, al tempo, non permettevano i viaggi per turismo, ma solo a persone provviste di visto o cittadini di rientro da viaggi oltreoceano- sia dal punto di vista delle connessioni aeroportuali interne agli Stati Uniti. Un viaggio che normalmente viene fatto con uno scalo mi è costato due scali, prima a New York e poi Washington DC, per poi arrivare alla destinazione finale, Columbus, Ohio.

Ohio. Meglio specificare, in quanto negli Stati Uniti di Columbus ne esistono nove diverse, tutte ovviamente in stati diversi. La mia Columbus, quella in Ohio, è la più grande di tutte, ed oltre ad essere la capitale dello stato ha anche un legame importante con l'Italia.

La città è infatti gemellata con Genova dal 1955, e fino alle rivolte del movimento Black Lives Matter, avvenute nel 2020, la città aveva una statua di Cristoforo Colombo donata proprio dalla città di Genova, come segno dell'amicizia tra le due città e del legame che lega queste due città con la figura del navigatore italiano. Questa breve introduzione storico-geografica serve a inserire la città nel quadro di una nazione tutt'altro che a misura d'uomo, a differenza di molti paesi europei.

La mia destinazione finale però non era la città di Columbus, ma la piccola cittadina di New Albany, situata a nord-est della città, a circa venti minuti di distanza dal centro cittadino. Questa accogliente cittadina presenta al suo interno due diverse facce, la faccia altolocata e residenziale dell'America bianca benestante- la città è lo ZIP code più ricco dello stato dell'Ohio- e la faccia produttiva, con uno dei poli produttivi e logistici più importanti della nazione.

Questo è dovuto ad una persona in particolare, Les Wexner, che negli anni ha costruito ed espanso la città, per prima accomodare i dirigenti della sua holding L Brands, una delle più grandi società di retail shopping degli USA, con marchi come Abercrombie & Fitch, Hollister, Victoria's Secret, e Bath & Body Works, e successivamente attirare diverse multinazionali americane che hanno scelto proprio New Albany come sede per l'area del Midwest.

L'impatto all'arrivo in questa piccola cittadina della provincia americana è stato subito di grande effetto. Tutte le case con gli esterni curati nei minimi dettagli, prati tagliati al millimetro, non solo nelle residenze private, e aiuole perfettamente fiorite. Il fatto di essere circondato da questa atmosfera di benessere e pulizia ha sicuramente aiutato ad alleviare la sensazione di distacco da casa, che in quel periodo si faceva sentire.

L'accoglienza all'arrivo è stata subito di effetto, con persone che sono state subito incuriosite dal mio arrivo e dal fatto che venivo dalla nazione più amata dagli americani.

"Where are you from?" chiedevano tutti, sentendomi parlare per la prima volta.

Non appena rispondevo con un orgogliosissimo *"Italy"* vedevo accendersi nei loro occhi una luce, a ricordo di vacanze indimenticabili o di parenti lontani.

Ho scoperto in seguito che questa accoglienza è tipica dei cittadini del Midwest americano, un'area dove la cordialità e la buona accoglienza sono fondamentali, cercando quasi di attirare persone da diverse aree della nazione, stanchi dei ritmi frenetici, specialmente sulle due coste.

Un altro grande esempio di come gli americani di quest'area siano molto amichevoli e gentili è il fatto che, camminando per la strada o nelle corsie al supermercato, tutti sorridano e salutino, anche gli sconosciuti, proprio come semplice gesto di cordialità verso il prossimo.

Certo questo mondo lontano è impattante visto dagli occhi di un europeo, ma questa gentilezza e bontà d'animo hanno di certo aiutato a superare il *cultural shock* iniziale.

Chiunque abbia avuto modo di viaggiare negli Stati Uniti sa che non è propriamente facile e alla portata di tutti. Il problema principale che ogni turista può riscontrare viaggiando all'interno della nazione è la scarsità di mezzi di trasporto e di connessioni tra una città e l'altra.

Scordatevi i treni, mezzo di locomozione riservato a estimatori che vogliono provare l'esperienza del viaggio avventuriero in mezzo alla natura, e non, come per noi europei, un mezzo di trasporto abbordabile per spostarsi da una città all'altra in comodità.

Il metodo di trasporto più usato in America è l'aeroplano, che permette di muoversi abbastanza comodamente da una città all'altra. Il problema principale dei viaggi aerei negli Stati Uniti è il costo. I viaggi aerei sono estremamente costosi se comparati alle compagnie europee, specialmente se low cost.

Da questo possiamo subito trarre un tratto comune agli americani, il fatto di preferire la soluzione più confortevole, anche se ad un prezzo più alto. Per questo motivo molti americani preferiscono volare usando compagnie charter di jet privati piuttosto che le normali compagnie aeree, per avere un servizio migliore e la sicurezza di volare in comodità verso aeroporti privati in prossimità della loro destinazione finale.

Il mezzo sicuramente più comune però rimane l'automobile, con cui gli americani si spostano anche per lunghi viaggi. Non è raro, infatti, sentire un americano parlare di viaggi fatti dal Midwest alla Florida per le vacanze estive, della durata di due giorni e migliaia di chilometri. Questa scelta di usare la propria automobile anche per lunghi spostamenti è dovuta al fatto di avere la comodità di potersi spostare anche in vacanza e non dover ricorrere a mezzi pubblici o soluzioni alternative.

La scelta di usare la propria automobile per qualsiasi spostamento è dovuta anche dalla semplicità di utilizzo delle strade americane, ben articolate e che permettono di spostarsi agevolmente e comodamente.

Inoltre, in buona parte degli stati americani, l'autostrada è gratuita, il ché permette agli americani di risparmiare ulteriormente. Un altro punto a favore dell'utilizzo dell'automobile è sicuramente l'economicità del carburante negli Stati Uniti, che rappresenta sicuramente un aspetto positivo del vivere in questa nazione.

Un lato però negativo del viaggiare in automobile si presenta quando si arriva nelle grandi città. Qui ogni americano si trova alle prese con i famigerati parcheggi.

Non è difficile, infatti, arrivare a spendere cifre folli per il parcheggio dell'auto; per esempio, un giorno intero in un parcheggio in una città come New York o Chicago può tranquillamente arrivare a costare cifre vicine ai 50 dollari per

24 ore, o 15 dollari per la tariffa oraria. La cosa sicuramente strana in tutto ciò è che i parcheggi coperti nelle grandi metropoli americane abbondano, ma, nonostante ciò, i prezzi rimangono comunque estremamente elevati.

A livello urbano, nelle grandi metropoli, il sistema di trasporto pubblico funziona sicuramente meglio che a livello locale negli stati interni del paese. Città come New York, Chicago, San Francisco presentano sistemi di trasporto pubblico peculiari che rappresentano dei veri e propri *landmarks* dell'ambiente urbano, come la subway newyorkese, la metro sopraelevata a Chicago e i tram che percorrono le strade di San Francisco.

Questi sistemi di trasporto permettono di spostarsi facilmente da una parte all'altra della città, in modo semplice ed economico. Ma anche in questo caso la rete del trasporto pubblico non è comparabile all'efficienza del trasporto urbano che mediamente si trova in una qualunque città europea.

Per questo motivo taxi e Uber sono la scelta preferita di buona parte dei cittadini americani che vivono nelle metropoli, con Uber che sta velocemente soppiantando il primo per semplicità di utilizzo e trasparenza.

Il taxi in America, come in diversi altri paesi nel mondo, può rappresentare un grande rischio per l'utente finale. Il tassista, infatti, cerca sempre di avere un vantaggio a discapito dei clienti a cui viene offerto un servizio mediamente scarso a un prezzo estremamente alto, finendo per trovarsi in situazioni spiacevoli durante le corse.

Ricordo una volta, mi trovavo a New York e avevo preso una corsa da Downtown a Midtown per andare a fare un giro a piedi prima di andare a cena al ristorante. Non appena il taxi si è mosso alla volta del *Flatiron District* una pioggia torrenziale ha iniziato a battere per le strade di Manhattan.

In quel preciso istante chiesi gentilmente al tassista di riportarmi in albergo, così da attendere che la pioggia cessasse e ripartire di nuovo alla volta della *5th Avenue*. In tutta risposta il tassista mi disse che non era assolutamente possibile, in quanto il tragitto era troppo breve e non avrebbe guadagnato nulla. Gli chiesi quindi di scaricarmi al più presto così da trovare un riparo per poter chiamare un Uber e tornare all'albergo in sicurezza.

Questa esperienza fa capire quanto possa essere difficile la vita in città per un turista, che deve fare fronte a servizi scadenti da parte del servizio taxi.

Sicuramente però esistono altri mezzi di trasporto urbani come la già citata metro newyorkese, abbastanza capillare ed economica, che permette facili spostamenti in tutta la città, dalle zone più remote dei *borough* più distanti dal centro cittadino, fino alle diverse strade di Manhattan.

Anche in questo caso però la metro può presentare insidie e pericoli, soprattutto per i turisti. Uno dei fattori di rischio principali è sicuramente la presenza, come d'altronde in altre città del mondo, di malviventi e borseggiatori, pronti a rovinarvi la vacanza.

Un altro punto a sfavore della *subway* è la quantità di lavori apportati alla rete. Non è difficile trovarsi a dover saltare la propria fermata per una chiusura per lavori, mai annunciata, e ritardi dovuti alla manutenzione della rete.

L'ultimo punto sfavorevole per la metropolitana di New York è certamente la condizione di degrado e vecchiaia in cui versano i vagoni della metro. I treni della metropolitana sono infatti generalmente vecchi, rovinati e male odoranti, che rendono l'esperienza di utilizzo molto difficile all'utente finale.

Queste controversie sul trasporto mettono in luce una delle lacune principali di questa immensa nazione, ovvero la scarsità di mezzi di trasposto per potersi sportare comodamente da un punto all'altro della nazione, senza dover spendere delle cifre folli.

Ci si aspetterebbe che il governo faccia qualcosa per il miglioramento della rete, ma per come è concepita l'organizzazione politica locale in America, e l'autonomia dei diversi stati, la rete di trasporto pubblico americano non viene aggiornato da diverso tempo.

Uno degli aspetti sicuramente che crea più distanza tra noi europei e gli americani è la vita sociale degli americani. Per noi europei, italiani in particolare, è molto comune trovarsi alla sera dopo cena per bere un cocktail in compagnia o passare i pomeriggi con amici e famigliari, specialmente durante le vacanze estive.

Tutto questo in America non esiste.

Non è difficile trovare le strade delle città di provincia vuote subito dopo l'orario di uscita dal lavoro, come se si rintanassero in casa per prepararsi a qualche evento importante.

La verità dei fatti è che gli americani non amano uscire, o passare il loro tempo libero all'aperto in attività ludiche, perché fa sempre o troppo caldo o troppo freddo. Ovviamente questa è una banale generalizzazione, però come sempre si trova del vero seguendo i tratti comuni a una società.

Durante le belle giornate di primavera, o durante il periodo autunnale, mi piace fare delle passeggiate lungo le strade di New Albany, dove, a seconda del periodo dell'anno, le case presentano addobbi per le varie festività, dal sentitissimo Halloween, passando per il ringraziamento, fino agli sfarzosi addobbi natalizi, che decorano tutte le vie della città. Gli abitanti di New Albany arrivano ad addobbare le case con striscioni pure per l'ammissione al college dei propri figli, che rende orgogliosi i genitori americani e che è molto comune trovare per le strade dei sobborghi americani alla fine di ogni anno scolastico.

Durante queste lunghe passeggiate, mi capita raramente di incontrare altre persone a passeggio, e le uniche occasioni di incontro sono i classici bisogni del cane per poi tornare all'ozio climatizzato di casa.

Anche di sera, non è difficile intravedere dalle finestre di casa le persone che guardano la televisione con tutti gli altri membri della famiglia e gli animali domestici.

Le poche occasioni di uscita per gli americani sono durante i fine settimana per andare al bar a vedere le partite di football universitario bevendo birra con amici d'infanzia. Le amicizie in America sono infatti prettamente collegate al percorso di studi, i classici amici tra i banchi di scuola, poiché difficilmente le amicizie vengono ampliate una volta finito il percorso di studi.

La realtà è che gli americani sono poco aperti a conoscere nuove persone e la cerchia di amicizie raramente tende ad ampliarsi.

Questa tendenza è particolarmente evidente nei contesti sociali in cui le persone si trovano a passare del tempo con gli altri. Un classico esempio è al fine settimana, quando praticamente tutta la popolazione statunitense si reca al *mall,* dove, con l'aiuto dell'aria condizionata, che mai li abbandona, ci si trova in mezzo ad una marea umana impossibile da trovare durante la settimana.

Un altro esempio di contesto sociale che spinge la popolazione a uscire di casa è per eventi cittadini, come per esempio la parata per il 4 luglio, i vari eventi di beneficenza che si tengono durante l'anno, o per le recite dei figli alla fine dell'anno scolastico. Queste sono generalmente le occasioni in cui ogni americano, spinto dallo spirito di partecipazione e di comunione di valori, esce allo scoperto e si gode una passeggiata all'aria aperta.

Questa rappresentazione del popolo americano rende poco appetibile la vita nei sobborghi, ma la realtà è che questo popolo è estremamente pigro e abituato ai comfort di casa.

Questa condizione porta la maggior parte dei cittadini a uscire solo in circostanze specifiche, quando si sentono quasi in obbligo a partecipare alla vita di società.

Un ultimo esempio che chiarisce molto bene questa condizione di vita degli americani è quando escono per comprare cibo al ristorante, per poi tornare a consumarlo rigorosamente a casa. Non è raro, infatti, trovare le persone fuori dal ristorante, con indosso la tipica tenuta casalinga composta da un pigiama e un paio di Crocs, in attesa del cibo da riportare poi a casa per essere consumato in serenità e comodità.

Questo modo di vivere la vita è comune a quel tipo di persone che in America rappresenta la maggioranza, quelle persone che infatti adottano uno stile di vita mediamente sedentario e che, come già detto, non amano trascorrere le giornate all'aria aperta e tanto meno fare esercizio fisico.

C'è però una categoria di persone, sempre più crescente in America, che predilige uno stile di vita meno sedentario, con esercizio fisico e una alimentazione più sana, che seppure ottimo per la salute di ognuno, è difficile da mantenere per due motivi.

Il primo è il costo. Il perseguimento di un regime alimentare sano, che negli USA è tutto fuorché economico, permette soltanto a una determinata fascia della popolazione di riuscire ad aspirare ad una vita sana.

Il secondo è la difficoltà nel reperire le materie prime e il cibo necessari a mantenere una dieta sana. I supermercati americani, quelli più comuni, difficilmente mettono a disposizione dei prodotti salutari, e nei rari casi in cui vengono offerti, in realtà si tratta di prodotti dietetici dei classici marchi di *junk food* americani.

Patatine dietetiche, salse ipocaloriche e bevande senza zuccheri sono i cibi più salutari che si trovano solitamente sugli scaffali dei principali supermercati americani, ben distanti quindi dall'idea di cibo salutare e genuino a cui siamo abituati nei supermercati nostrani.

L'unico modo di trovare del cibo salutare, biologico e di origine certificata è rivolgersi a supermercati considerati di nicchia, che offrono cibi e bevande spesso impossibili da trovare altrove.

Approfondirò in seguito il tema del supermercato in un capitolo dedicato, ma questa breve digressione rende l'idea di come questa concomitanza di diversi fattori possa portare ad uno stile di vita sedentario e dannoso per la salute degli americani, e che rappresenta ancora oggi uno dei grandi problemi della società americana.

Molto spesso quando si va in visita in un paese come turisti ci si rende conto parzialmente come sia la vita di tutti i giorni, e negli USA questo tema è ancor più esasperato.

Chiunque abbia visitato una metropoli statunitense, come meta per le vacanze, tornerà elogiando la grandiosità e la bellezza delle città americane, pensando che tutte le città del paese siano accomunate da queste caratteristiche.

Questo aspetto degli Stati Uniti, ma non solo, va chiarito una volta per tutte. Le metropoli non fanno la nazione.

Le metropoli sono il punto di incontro di diverse culture, dove l'effetto della globalizzazione fa in modo che le distanze si accorcino, che le tradizioni di un immigrato siano rispettate, permettendo di trovare il cibo del paese natale e ristoranti dove ritrovare i gusti di casa in modo semplice e rapido.

New York ne è chiaramente un esempio. La comunità italiana in città è molto radicata e importante, tanto da avere creato una vera e propria subcultura urbana, quella degli italoamericani.

Ci sono diversi esempi di ristoranti italiani dove, in alcuni casi, si mangia meglio che in patria, o supermercati dove si può trovare il guanciale per fare la carbonara, senza ricorrere alla scorciatoia del bacon.

Eataly è l'esempio di come si possa esportare il concetto di supermercato italiano nel mondo ed è molto comune trovare italiani a comprare il pesce per la cena o la pasta di Gragnano per accompagnare un sugo fatto in casa.

A New York *Eataly* si trova incastonato in una cornice incantevole, *Madison Square Park,* con, sullo sfondo, uno dei *landmark* più famosi di NYC, il *Flatiron,* uno dei primi grattacieli costruiti nella metropoli.

Tutto questo è un grande lusso che però è circoscritto a città di grande portata come NYC, LA, Chicago e Miami. E nel resto degli Stati Uniti? La risposta è semplice e diretta. Occorre arrangiarsi.

Le città, seppure grandi, degli stati minori, come Columbus, non permettono di avere a disposizione una varietà di prodotti dal mondo, e la freschezza dei prodotti è discutibile, soprattutto per il pesce, che nel caso dell'Ohio compie un viaggio di almeno 1200 km prima di arrivare sul banco di Walmart o Kroger.

Le soluzioni si trovano sempre, semplicemente ci vuole un po' di pianificazione e di ingegno. La spesa comune si fa in supermercati di nicchia come *Whole Foods Market* o *Trader's Joe,* che hanno come mission offrire un prodotto di alto livello, per gli standard americani, con un focus particolare sul biologico.

Certo, questo non è economico, e mediamente per avere la certezza di mangiare dei prodotti in qualche modo genuini si è costretti a spendere un 20-25% in più rispetto ai supermercati più comuni.

Un altro aspetto che crea delle differenze abissali tra metropoli e città è la concentrazione di persone.

Mi spiego meglio. In una città come Columbus, circa un milione di abitanti, mi sono trovato fermo nel traffico cittadino giusto una volta, per colpa di lavori stradali. In grandi città come New York difficilmente ci si trova a percorrere una strada senza traffico o quantomeno a percorrere un tragitto senza rimanere fermi per la maggior parte del tempo.

Questa facilità nel percorrere le strade delle città americane di medie dimensioni è dovuta ad una questione di urbanistica e logistica. In molti casi il quartiere centrale delle città, il *downtown*, è prettamente utilizzato per scopi lavorativi, con la popolazione che nel 90% dei casi si vive nelle zone esterne alla città, nelle zone suburbane o rurali.

L'ultima grande differenza tra le metropoli e le città è nell'aspetto in sé delle città. Le metropoli si contraddistinguono per tratti distintivi e monumenti, che caratterizzano il paesaggio e il panorama urbano. Nelle città questo raramente accade e tutti gli edifici si somigliano.

L'esempio più grande è rappresentato dalle città del *Midwest*. Tolta Chicago, la città di riferimento nell'area, tutte altre città sono difficilmente distinguibili e sono legate da tratti comuni che le rendono molto simili l'una all'altra.

Grattacieli anni Settanta, centri città spogli di negozi e bar, e monumenti spesso inutili e di pessimo gusto sono il mix di una qualunque città americana.

Alcune distinzioni si possono trovare. Columbus presenta dei tratti distintivi come la *LeVeque Tower* o il Campidoglio dello stato dell'Ohio, edifici storici, che hanno uno stile che si distingue. Il resto della città è contraddistinto da quel grigiore pallido tipico delle costruzioni moderne americane.

Questo aspetto rende sicuramente le città minori poco attraenti rispetto alle grandi metropoli, ma riesce, in un qualche modo, a far concentrare l'attenzione dei rari visitatori su altri aspetti che difficilmente vengono notati dai turisti in visita nelle città, come parchi e attrazioni minori, che possono comunque riservare delle belle sorprese.

Un importante aspetto, che riassume bene tutti i punti precedenti, è il fatto che nelle città americane minori, in linea di massima, si vive meglio che nelle metropoli. Il ritmo più rilassato, l'assenza di traffico, e una migliore qualità della vita fanno in modo che chiunque prenda in considerazione questo tipo di città degli USA come luogo per vivere e lavorare lo possa fare vivendo una vita più tranquilla, permettendo di concentrarsi maggiormente sulla vita famigliare.

L'abitudine a vedere dall'esterno le città americane, in particolar modo le grandi metropoli sulle due coste, ci fa trascurare quella che è la vera America, l'essenza di un popolo e di una nazione.

Se si dovesse ricorrere ad una metafora per spiegare l'America, il modo più semplice sarebbe quello di paragonare la nazione ad un hamburger di una qualsiasi catena di fast food.

Le due coste sarebbero le due fette di pane, quelle che concentrano l'attenzione del pubblico e che fanno da contenitore al contenuto del panino. Lo strato centrale è la vera essenza degli Stati Uniti, con tutte le bellezze e controversie di una nazione che ha dato tanto e che continua a dare un contributo essenziale al mondo.

Nonostante le distinzioni piuttosto marcate tra le città minori e grandi metropoli e la mia avversione naturale a prediligere le seconde, devo dire che in ogni caso le grandi città americane vanno viste e vissute, perché permettono di capire come effettivamente le diverse culture possano coesistere senza preconcetti, e come, in molti casi, i sogni di ognuno vengano realizzati, con il più classico degli stereotipi americani, quello dell'*American Dream*.

D'altro canto, però, è anche vero che visitare le città minori permette ad ognuno di assaporare l'essenza della vera America, pur mantenendo i caratteri essenziali di una città. C'è da dire che, in linea di massima, anche nelle città minori americane si riesce ad assaporare il mix culturale noto alle grandi città, ma con molta meno varietà nelle origini delle persone che popolano queste città.

Il contesto urbano americano presenta delle differenze sicuramente marcate rispetto al panorama a cui siamo abituati in Europa. Le differenze sono visibili dal punto di vista dell'urbanistica, in quanto le città americane presentano strade e ambienti molto più ampi rispetto ad una qualsiasi città europea. Questo aspetto è dovuto essenzialmente al fatto che le città americane sono di molto più recente sviluppo rispetto alle città europee, motivo per il quale l'urbanistica ha fatto in modo che gli spazi venissero concepiti già in funzione di mezzi di trasporto di grandi dimensioni.

Un esempio in questo senso può essere nuovamente New York. La città è stata la prima meta dei coloni in arrivo dall'Europa, e in particolare la zona di Lower Manhattan è stata la prima zona della città ad essere urbanizzata dagli olandesi in arrivo dalla madre patria. Questo ha fatto in modo che Manhattan presenti una vera e propria distinzione nel layout delle strade del centro cittadino, diviso tra la classica griglia urbana di Midtown e strade molto più europee nel quartiere di Lower Manhattan e Wall Street.

La casa

In questa seconda parte del libro voglio concentrarmi su quella che è stata in questo anno trascorso negli USA la mia quotidianità. Una routine a cui non ero abituato e che ho dovuto fare mia in fretta, per poter entrare nei ritmi e nei contesti di un mondo che, da questo punto di vista, è molto distante dal nostro, con una differenza marcata nel modo di vivere la vita di tutti i giorni.

La casa è sicuramente uno degli aspetti più importanti che meritano di essere analizzati nella parte che comprende la vita di tutti i giorni. Come già detto nella prima parte, la casa è l'ambiente sicuro di ogni americano, dove si custodiscono gelosamente i ricordi e dove ogni famiglia si ritrova per le feste.

Anche in questo caso, la distinzione tra metropoli e città è essenziale per rendere l'idea di quello che è l'America e la sua vera essenza.

Le case nelle metropoli sono concepite per ottimizzare al meglio gli spazi abitativi. Per questo motivo, anche se ci si trova in una nazione dove il motto è *bigger is better* non è difficile imbattersi in case decisamente piccole, con ambienti angusti e pochi spazi abitativi. Questo accade soprattutto a New York, la più globale delle metropoli statunitensi, dove gli *studio apartment*, modo carino di definire i monolocali, vengono affittati a cifre folli a studenti, aspiranti attori di teatro, e gente che sbarca in città in cerca di fortuna.

Fuori da New York tutto cambia e l'ambiente urbano e suburbano è completamente diverso e stravolto. Le logiche di questi ambienti sono esattamente opposte a quelle di *space saving* newyorkese, quasi a dover ad ogni costo occupare spazi che altrimenti rimarrebbero vuoti e deserti.

L'aspetto delle abitazioni dei sobborghi, luoghi dove si concentra il maggior numero di abitazioni attorno alle città, è molto diverso da un luogo all'altro, e questo è semplicemente dovuto ad un aspetto di gusto estetico.

In America un *developer* compra un terreno e con un singolo progetto abitativo costruisce un intero quartiere, fatto di case tutte molto simili, con differenze quasi impercettibili.

In questo modo, quindi, si vengono a creare dei veri e propri villaggi con stili differenti. Stile nordeuropeo, coloniale, vittoriano e moderno; questi sono solo alcuni degli esempi di stile che vengono utilizzati dai developer per la costruzione dei quartieri e delle città di periferia. I cittadini scelgono quindi la propria unità abitativa, e quindi il quartiere, semplicemente in base al proprio gusto personale.

New Albany, dove vivo, presenta uno stile molto vicino alle case inglesi di alto profilo, con facciate fatte di mattoni rossi a vista, colonne e tetto bianchi a contrasto e finestre con profili bianchi.

Il *suburb* americano è quindi composto generalmente da ville unifamiliari con grandi spazi abitativi e un giardino altrettanto grande e curato.

La prima cosa che sicuramente salta all'occhio quando ci si imbatte in un sobborgo americano è l'assenza della recinzione in tutte le case, cosa a cui siamo stati abituati grazie all'industria cinematografica americana. Molti film americani sono infatti ambientati nelle aree suburbane e rurali degli Stati Uniti. In questo modo, anche se rimane un qualcosa di estremante distante dalla concezione europea e italiana, l'impatto è sicuramente mitigato.

Rimane comunque un caso in cui le case presentano una recinzione. Le *gated communities,* infatti, sono l'unico modo che si ha di trovare una recinzione perimetrale che racchiuda e protegga queste comunità chiuse, che nella maggior parte dei casi sono popolate da persone molto facoltose che pretendono un alto livello di privacy e sicurezza nella scelta della propria abitazione.

La seconda cosa che salta all'occhio imbattendosi in queste abitazioni è sicuramente l'attenzione che gli americani ripongono nella cura dell'ambiente esterno. Le aiuole e i prati sono tagliati con cura, le piante sfrondate e i fiori sempre a colorare le pareti, fanno da cornice a tutte le abitazioni dei sobborghi delle città.

La cura maniacale degli spazi esterni è sicuramente un fattore determinante che permette la distinzione tra i cittadini americani e quelli europei. A detta di tutti questa condizione è dovuta essenzialmente alla competizione tra vicini, che porta ognuno a cercare di rendere il proprio prato più bello di quello del vicino, rendendo falso il detto nostrano "l'erba del vicino è sempre più verde".

Troveremo la competizione una parte determinante della vita degli americani anche in altri contesti, ma di certo la cura degli ambienti esterni della propria abitazione rende molto l'idea di come ognuno faccia la propria parte nel mantenere l'ordine e la pulizia in tutto il vicinato.

Per mia grandissima fortuna non mi sono mai trovato a dover curare gli spazi esterni perché, vivendo in appartamento, il problema non si pone, e le aiuole condominiali, anche loro estremamente curate, vengono manutenute dal personale del palazzo.

Vivere in appartamento mi permette di vedere e capire più da vicino i modi di fare degli americani. Essenzialmente, come già detto in precedenza, non vi è una particolare vita sociale, e anche all'interno del condominio le relazioni tra condomini sono essenzialmente limitate al saluto veloce nei corridoi del palazzo.

Il condominio in cui vivo ha spazi comuni in cui la gente potrebbe riunirsi per guardare una partita in compagnia e giocare a biliardo usufruendo della sala condominiale. In realtà, però, questi frangenti di vita comune raramente si verificano.

Un altro grande punto di discussione riguardo le abitazioni è la qualità costruttiva e i materiali utilizzati. Questo punto è alquanto controverso, in quanto siamo portati a pensare che le case e i palazzi americani, specialmente in quelle aree soggette a eventi climatici estremi come uragani e tornado, siano concepiti e costruiti utilizzando materiali solidi che possano resistere a eventi climatici di grande portata.

La realtà è ben diversa. Le case americane sono costruite interamente in pannelli di legno pressato, come scadenti mobili di bassa lega, che hanno importanti conseguenze anche sulla qualità della vita degli ambienti interni.

La prima cosa che ne consegue è sicuramente l'isolamento, sia acustico che termico. Non è difficile, durante la notte, sentire le voci di gente che passa nel corridoio esterno all'appartamento, il vicino di casa che parla al telefono con qualcuno utilizzando un tono di voce normale, o le risate delle persone all'esterno.

Anche l'isolamento termico è un fattore importante, e anche in questo caso questa tecnica costruttiva non permette di certo di mantenere una temperatura costante all'interno della propria abitazione. Aria condizionata in estate e riscaldamento durante l'inverno permettono di mantenere una temperatura costante, che altrimenti non sarebbe garantita dal solo isolamento termico.

Ricordo un giorno d'estate in cui durante la notte aveva fatto temporale abbassando quindi la temperatura. Per questo motivo ricordo di aver disattivato l'aria condizionata ritenendola superflua vista la temperatura esterna più bassa di quella interna. Una volta rincasato il giorno seguente al pomeriggio, dopo il lavoro, ricordo di avere trovato l'appartamento con una temperatura di almeno 30 gradi, perché nel frattempo la temperatura esterna era tornata ai livelli normali.

Un aspetto sicuramente positivo delle case americane è però la quantità di elettrodomestici, grandi e piccoli, che popolano le cucine. Ironia della sorte per un popolo non avvezzo a passare molto tempo vicino ai fornelli e tantomeno a cucinare un pasto completo in autonomia.

Nonostante ciò, le case presentano tutti i comfort necessari a garantire l'agio abitativo per gli inquilini. La caratteristica che sicuramente rende molto distanti le case americane, e le cucine in particolare, è il fatto che tutto sia elettrico, dai piani cottura fino all'impianto di climatizzazione.

Durante il weekend, quando trascorro più tempo a casa, e specialmente durante il sabato, giorno deputato alle faccende domestiche, nonostante lavatrice, asciugatrice, aria condizionata, ferro da stiro, frigo e piano cottura in funzione la rete elettrica non fa una piega e, anzi, la fornitura è garantita, cosa che in Italia costerebbe davvero una cifra assurda.

Da questa disamina sulle case americane si può facilmente intuire come la differenza nella qualità costruttiva delle case porti ancora una volta a un grande divario con gli stati europei. È infatti abbastanza tipico sentire gli americani di ritorno da vacanze in Europa elogiare la solidità delle case, ponendo l'assenza sulla mancanza dell'aria condizionata, che in molti casi in Europa è superflua.

Il supermercato è uno di quegli ambienti che riescono a cristallizzare la differenza tra le diverse culture. Questo avviene in qualunque parte del mondo e trovarsi a fare la spesa in una nazione diversa dalla propria permette di capire gli usi alimentari e le abitudini di un popolo.

Questo si presenta spesso durante le vacanze, quando ci si trova a fare la spesa per rifornire la casa di alimenti, trovandosi spesso a fronteggiare supermercati non riforniti adeguatamente e prodotti tendenzialmente più scadenti di quelli che si è soliti a trovare sui banchi dei supermercati che usiamo normalmente.

In America, la differenza con i supermercati italiani è molto marcata e trovarsi a fare la spesa può essere un'esperienza unica. Così come in Italia, gli USA hanno diverse catene di supermercati, che loro chiamano *grocery stores,* a differenza del Regno Unito, dove vengono chiamati con il più comune *supermarket.* Queste catene presentano delle differenze marcate e si rivolgono a clientele molto diverse.

La prima catena, forse la più nota anche al di fuori degli USA, è sicuramente *Walmart.* Questa catena di supermercati è davvero molto diffusa in qualunque stato americano e ha come particolarità la dimensione dei punti vendita e la varietà dei prodotti offerti. In effetti, a differenza di altre catene che vedremo in seguito, *Walmart* ha come caratteristica quella di avere locali immensi, con file infinite di scaffali pieni di prodotti, dal cibo, agli articoli per la casa, passando per farmacia e perfino prodotti di elettronica.

Una grande particolarità di questa catena, che la rende davvero popolare, è l'economicità. Rispetto alle altre catene di supermercati, infatti, questa presenta prodotti molto più economici, mentendo comunque un buono standard qualitativo.

Il target di questa catena è dunque una fascia della popolazione che non ha particolare interesse nella ricercatezza del prodotto, e che essenzialmente compra al supermercato prodotti economici sia per l'alimentazione che per l'uso quotidiano.

Una grande particolarità di *Walmart*, raramente nota ai più, è la presenza dei cosiddetti *Walmartians*, persone che si ritrovano, travestite da alieni o con costumi fantascientifici, nei punti vendita della catena a fare la spesa. Se si fa una breve ricerca su internet a riguardo si scopre che questo fenomeno è alquanto popolare in tutti gli stati americani ed è circoscritto solo alla catena della famiglia Walton.

La seconda catena di supermercati in termini di notorietà è *Kroger*. Se si analizza la dimensione solo del comparto di vendita di cibo, questa catena è addirittura più grande, in termini di fatturato, rispetto a *Walmart,* che però, come già detto, offre una maggiore varietà di prodotti.

Questa catena è molto amata dagli *Ohioans,* perché ha la sua sede centrale a Cincinnati, Ohio. A parte ciò, *Kroger* si rivolge ad un pubblico diverso e più ampio rispetto a *Walmart,* offrendo anche prodotti di qualità, soprattutto per quanto riguarda la carne, sempre mantenendo i prezzi contenuti.

La terza catena più diffusa è *Giant Eagles.* Questa catena è la concorrente diretta di *Kroger,* e il layout dei punti vendita è paragonabile, con anche in questo caso una buona qualità per la carne e una ottima selezione di vini.

Una catena di supermercati meno nota a chi vive fuori dagli Stati Uniti è *Target.* Questa catena è paragonabile a *Walmart* per offerta e varietà, ma con una grande differenza sulla qualità dei prodotti offerti. *Target* offre infatti prodotti per la casa di alto livello, oltre a elettrodomestici delle grandi marche e prodotti più ricercati. La particolarità buffa di questa catena è che viene considerato il supermercato per le donne. Diversi studi della divisione marketing dell'azienda hanno messo in luce chiaramente quale sia la composizione della clientela, con una grande percentuale dei clienti composta da donne con un buon livello di istruzione.

Entrando in uno store *Target* ci si rende subito conto che si tratta di un supermercato votato al pubblico femminile, per la disposizione degli scaffali, la particolare attenzione ai prodotti destinati alle donne, una vasta gamma di prodotti per neonati che difficilmente vengono offerti in altri supermercati, e per, appunto, la presenza massiccia di clienti donne all'interno. È difficile, infatti, trovare un uomo che faccia la spesa da *Target* per conto suo e che non stia semplicemente accompagnando la moglie per le compere settimanali.

Personalmente trovo questa catena una delle mie preferite, soprattutto per quanto riguarda i prodotti non alimentari, e mi trovo spesso a comprare, rompendo questo stereotipo di supermercato per donne.

Le ultime due catene di supermercati, che possono essere considerate di nicchia, rispetto alle altre, sono *Whole Foods Market* e *Trader's Joe*. Queste due catene hanno una qualità del prodotto molto più alta, con una particolare attenzione alla frutta e la verdura biologiche e prodotti di origine certificata.

In queste catene, specialmente *Whole Foods* si trovano prodotti che è praticamente impossibile trovare nelle altre catene, come per esempio il formaggio italiano, vini di alto livello da tutto il mondo e il pane fresco tutti i giorni. Tutta questa offerta però ha un prezzo, e nel caso di queste catene i prodotti hanno un prezzo di gran lunga più alto rispetto alle catene normali.

Un altro fattore che sicuramente rende queste catene meno appetibili al grande pubblico è la capillarità. La diffusione dei punti vendita di queste catene è molto più limitata rispetto alle grandi catene. Questa scarsa diffusione è da imputare alla scelta delle due aziende di rivolgersi a un segmento di mercato molto più ristretto rispetto alle catene di supermercati generalisti.

Una caratteristica che accomuna tutte queste catene e che le rende differenti dai supermercati europei è la presenza, alla cassa, degli imbusta spesa. Generalmente le persone addette a questa funzione sono ragazzi delle superiori che svolgono un lavoro part-time o anziani in pensione che preferiscono passare il tempo al supermercato piuttosto che con i propri nipoti.

La cosa più irritante degli imbusta spesa è la quantità di borse e sacchetti che vengono sprecati. In Italia siamo abituati a dover imbustarci la spesa per conto nostro e a dover pagare le borse che utilizziamo, ma in America è esattamente il contrario. Le borse vengono fornite gratuitamente e perciò gli addetti all'imbustamento della spesa utilizzano un numero spropositato di borse al termine di ogni spesa, semplicemente per una questione di riduzione del peso delle borse che potrebbe comportare una rottura.

Mi sono trovato diverse volte ad uscire dal supermercato con almeno il doppio delle borse che avrei usato io se mi fossi imbustato la spesa da solo. Il concetto di spreco è sicuramente una grande controversia degli Stati Uniti, un paese dove ancora oggi non è così comune fare la raccolta differenziata.

Una particolarità quasi divertente dei supermercati statunitensi è la disposizione dei carrelli e cestini per la spesa.

Parto col dire che, a differenza dei supermercati italiani, tutti i carrelli sono a disposizione dei clienti senza gettone o soldi per essere presi in custodia.

La particolarità più grossa però che riguarda i carrelli della spesa è la presenza dei carrelli motorizzati per le persone con difficoltà motorie o che hanno poca voglia di muoversi in autonomia tra gli scaffali del supermercato.

Un altro grande aspetto che genera molto nervosismo e irritazione in tutti i cittadini extra USA in visita o residenti è la richiesta sistematica del documento quando si comprano bevande alcooliche. Questo non accade solo a gente giovane, a cui, generalmente, viene chiesto di mostrare il documento anche in Europa, ma anche a gente di età avanzata che è indiscutibilmente legalmente autorizzata ad acquistare l'alcool. Questo si somma all'elenco di fenomeni che dimostrano come l'alcool negli USA sia ancora oggi un tabù.

Altri esempi, per spiegare meglio il concetto, possono essere il fatto che non si possa girare con la bottiglia esposta, anche all'interno della busta della spesa, ma che debba obbligatoriamente essere riposta dentro a un apposito sacchetto di carta o, ancora, il limite territoriale dentro cui si può consumare alcool stando in piedi all'interno dei dehors dei locali.

Se si cammina per le strade di una città americana, ci si può imbattere in locali con recinti esterni. Questi recinti non servono ad altro se non a delimitare lo spazio del locale entro cui i clienti possono bere tranquillamente. Se qualcuno viene sorpreso a bere fuori dal recinto viene arrestato.

Una grande peculiarità dei supermercati americani è che al di fuori di ogni punto vendita ci sia una stazione di servizio dove si possa fare rifornimento di carburante alla propria automobile. Questa cosa sta lentamente prendendo piede anche in Italia, ma negli Stati Uniti i distributori di benzina delle catene di supermercati sono considerati al pari delle stazioni di servizio classiche, tanto da avere lo stesso prezzo. La convenienza di queste stazioni di servizio è dovuta essenzialmente agli sconti sul carburante se si usa la tessera del supermercato. In questo caso viene applicato uno sconto di 3 centesimi al gallone.

Il supermercato è sicuramente uno di quegli ambienti che permettono di capire i comportamenti e le abitudini delle persone di un determinato paese, e, ancora una volta, dai supermercati americani si capisce come i cittadini americani siano molto abitudinari e non propendano per uno stile di vita sano, preferendo cibi scadenti confezionati e diete povere di frutta e verdura.

Anche i negozi presentano grandi differenze se messi a confronto con il modo di fare shopping in Europa.

Man mano, durante gli anni, siamo stati sempre più abituati a importare il modo americano di fare acquisti, fatto di grandi catene spesso specializzate in particolari tipologie di articoli. Ma, nonostante questa acquisizione da parte degli stati europei di un modo molto americano di concepire i negozi, le differenze tra i nostri e i loro sono ancora ben marcate e definite.

Partiamo col dire che la grande differenza che ancora oggi distingue i due continenti è l'assenza, in USA, di negozi di privati che vendono articoli d'abbigliamento. In Italia, anche se si sta andando incontro a un calo, i negozi di questo tipo rappresentano ancora una buona soluzione per chi vuole fare acquisti in comodità, specialmente nelle città di piccole dimensioni.

In America, negozi di questo tipo sono praticamente inesistenti e la stragrande maggioranza è rappresentata da grandi catene del retail shopping. Anche i negozi monomarca sono molto poco diffusi, se non nelle grandi città come New York e Los Angeles, dove le vie dello shopping di lusso sono piene di negozi delle più grandi marche.

Fuori dalle grandi città, ma anche all'interno delle stesse, il modo più semplice di fare shopping è attraverso le grandi catene di *department stores*.

Le catene più note sono quasi tutte nate nella città di New York, e negli anni si sono espanse a livello nazionale e hanno conquistato anche internet. Le principali sono *Macy's, Nordstrom e Saks Fifth Avenue.*

A seconda del luogo, queste catene offrono prodotti diversi. A New York, per esempio, vengono offerti i prodotti di grandi marchi del lusso internazionale che raramente vengono offerti altrove.

Nelle zone più interne al paese, i prodotti offerti sono decisamente adatti a una fascia di popolazione più ampia e, oltre a vestiti e cosmetici, vengono venduti anche articoli per la casa e mobili. In questo modo, gli americani possono recarsi in un posto unico per comprare ciò che è necessario.

Esistono, in ogni caso, anche store monomarca, specialmente nei grandi centri commerciali, e sono essenzialmente i più noti marchi della tradizione americana. Una cosa che salta all'occhio in questi centri commerciali è la presenza massiccia di ristoranti e bar, che in alcuni casi sono preponderanti rispetto ai negozi.

Il tema di discussione più noto per noi europei è se convenga o meno andare a fare acquisti e portarli a casa come souvenir dai viaggi oltreoceano. La risposta è semplice ed è NO.

I prodotti in vendita nei negozi americani sono tendenzialmente molto più costosi degli stessi prodotti venduti nei negozi in Europa. Per esempio, un paio di occhiali

Persol, modello 649, il classico aviator, costano in Italia 200 euro; lo stesso modello, in un qualunque store americano, è proposto a 339 dollari. Gli esempi in questo senso sono molteplici e, in particolar modo, si concentrano su tutti quei prodotti che vengono importati dall'Europa, ma non solo.

I prodotti di marchi americani come *Levi's* o *Ralph Lauren* difficilmente si trovano a cifre abbordabili, rendendo difficile l'acquisto di capi d'abbigliamento da portare con sé di ritorno dai viaggi in USA.

Un altro fattore abbastanza determinante in questo senso è la tassazione. In tutti i paesi europei il prezzo di vendita di un prodotto è comprensivo di IVA.

Ciò negli Stati Uniti non avviene. Siccome tutti gli stati hanno una differente tassazione sulla vendita dei prodotti di consumo, i prezzi vengono esposti senza tasse, che vengono poi aggiunte al momento della vendita.

Nel caso dell'Ohio, per esempio, la tassa di vendita dei prodotti è del 7,5% e questo comporta un fatto spiacevole che è quello di avere sempre un prezzo differente tra quello che si vede sul cartellino e quello che effettivamente si va a pagare.

La prima volta che mi è sono reso conto di questa particolarità è stato durante l'acquisto di un iPhone, che ha subito una variazione importante tra prezzo iniziale e prezzo finale tassato.

Questo aspetto del fare acquisti negli Stati Uniti è sicuramente seccante, ma, anche in questo caso, ci sono dei modi che permettono a chi compra di evitare questo problema.

Il più comune e forse più semplice per chi non risiede negli USA è sicuramente richiedere il tax refound, che permette di riottenere la cifra spesa per le tasse sul prodotto direttamente all'aeroporto prima della partenza.

Questo metodo è largamente utilizzato in tutto il mondo e permette a tutti di poter avere lo storno dell'imposta sul valore aggiunto del prodotto in qualunque stato estero. Ovviamente, questa procedura sarebbe intesa per favorire l'acquisto di beni all'estero godendo comunque del proprio regime di tassazione, in quanto il prodotto comprato una volta fatto ritorno in patria andrebbe dichiarato.

Il secondo metodo per evitare il pagamento della tassa sull'acquisto del prodotto è molto più semplice del primo, ed è legato allo stato in cui si intende fare acquisti.

Negli Stati Uniti esistono infatti cinque stati in cui i prodotti non vengono tassati. Questi stati sono l'Alaska, il Delaware, il Montana, il New Hampshire e l'Oregon. Se per caso ci si trova in vacanza in questi cinque stati, o se si è in un viaggio che permette il passaggio in questi stati, gli acquisti effettuati saranno effettivamente più convenienti, in quei settori come l'elettronica dove il prezzo più basso rispetto all'Europa è già di per sé un vantaggio.

Fare acquisti in America è sicuramente un'esperienza, ma spesso ci si trova ad avere di fronte prodotti estremamente scadenti venduti a cifre folli, e che fanno rimpiangere le giornate trascorse negli outlet o negozi italiani durante i saldi di metà stagione.

Per rendersi conto di quanto sia effettivamente più costoso comprare articoli di *brand* di lusso, specialmente europei, basta aprire i siti di questi marchi e salterà subito all'occhio la differenza abissale con i prezzi a cui vengono venduti gli stessi prodotti sul mercato europeo.

Un altro settore che presenta una grande differenza di prezzo con l'Europa è il settore della cosmesi e dei profumi. Da grande appassionato di fragranze, ho sempre cercato di trovare negozi specializzati nella vendita di profumi, e devo dire che anche nella mia zona i principali *department store* sono forniti di tutti i marchi più noti di profumi. Il prezzo a cui vengono venduti è però estremamente più alto rispetto a quello a cui verrebbero venduti in Europa.

Queste differenze di prezzo, e la difficoltà nel reperire i prodotti, rende sicuramente difficile comprare qualunque capo d'abbigliamento o articolo per la cura della persona da parte di un utente europeo.

Uno dei principali ambienti della vita sociale americana è il ristorante, e anch'esso presenta delle marcate differenze con l'Europa.

La concezione italiana del ristorante vuole che sia un luogo dove le persone si recano per trascorrere un momento di convivialità, gustando buon cibo accompagnato a del buon vino.

In America, la concezione del ristorante è quasi diametralmente opposta a quella italiana e solo passando del tempo nei ristoranti frequentati dagli americani ci si rende conto di come effettivamente questo popolo viva il rapporto con il cibo.

Inizio col dire che in America è facilissimo trovare un ristorante per ogni gusto, la varietà di cucine e stili culinari è impressionante e permette di avere un assaggio di qualunque cucina anche nelle parti più remote del paese.

La differenza più evidente non appena si arriva negli Stati Uniti rispetto all'Europa è trovarsi di fronte a un settore dominato dalle catene di ristoranti.

In Europa, ma soprattutto in Italia, è molto difficile trovare vere e proprie catene di ristoranti che non siano legate alla tipologia del fast food, o che comunque siano considerabili di fascia alta.

In America, questo concetto di ristorazione è assolutamente accettato e molto apprezzato dalla popolazione.

Il nostro modo di concepire la ristorazione e la convivialità ci porta a disprezzare le catene, poiché molto spesso vengono associate a una scarsa qualità del prodotto. Negli Stati Uniti, questo concetto viene totalmente ribaltato, e la catena viene considerata un posto che esprime fiducia.

La standardizzazione del prodotto e la famigliarità nell'entrare in un luogo fanno in modo che gli americani prediligano i ristoranti appartenenti alle catene per un fattore puramente di tranquillità.

Perché perdere tempo con un ristorante di pesce non noto quando puoi andare a mangiare un'aragosta al *Red Lobster*? Questa domanda è ricorrente nella testa di un americano e molto spesso mi sono trovato a discutere con loro su questa abissale differenza tra le diverse concezioni di convivialità.

Queste catene offrono tutto sommato un servizio accettabile e mediamente la qualità del servizio in sé nei ristoranti è forse più alta rispetto all'Europa.

Questo fattore è essenzialmente attribuibile a un fenomeno molto noto e sviluppato negli Stati Uniti, la mancia. Alla fine di ogni cena, dopo che la carta di credito viene strisciata per il pagamento, viene fornito al cliente uno scontrino su cui si scrive la mancia che si vuole lasciare al cameriere che si è preso cura del tavolo durante la cena.

Tendenzialmente è buona usanza lasciare una mancia che oscilli tra il 18 e il 22%. Questo per noi europei è sicuramente un fattore controverso, in quanto la nostra cultura non è molto incline al *tipping*. Ovviamente, ci sono casi in cui la mancia al cameriere può essere inferiore alla percentuale sopracitata, e che può essere un escamotage per ridurre di molto la spesa per le cene in America.

Un consiglio è quello di osservare sempre i camerieri e la loro capacità e bravura nel prendersi cura di voi durante il servizio. In linea di massima è difficilissimo trovare un cameriere che svolga un servizio che valga il canonico 20%, e questo può permettervi di limitarvi ad un più modesto 10%.

La mancia rappresenta sicuramente una grandissima differenza culturale e, parlando con diversi camerieri, anche italiani, ci si rende conto che con questo metodo si arrivano a guadagnare cifre folli, soprattutto se impiegati in ristoranti di alto livello, in metropoli come New York. Non è difficile quindi per un cameriere arrivare a guadagnare cifre mensili vicine ai 10,000 dollari, costituiti all'80% da mance.

Ma quindi com'è effettivamente mangiare negli Stati Uniti?

La verità è che se non si è abituati a uno standard elevatissimo la cucina americana nasconde anche delle belle sorprese.

Il problema principale del cibo americano è la pesantezza e la mancanza di tecnica nell'elaborazione del prodotto, oltre che a porzioni estremamente fuori portata per gli stomaci striminziti degli europei.

È molto comune avere una sensazione di malessere fisico alla fine dei pasti, dovuto a una mancanza di nutrienti sani nei cibi. Questa sensazione si verifica soltanto dopo un periodo prolungato in cui si mangia fuori spesso e in ristoranti di categoria *fast food*.

Questo fattore è sicuramente determinante e a lungo andare può costituire un vero e proprio problema se, come me, si è abituati ad un'alimentazione più leggera e sana. La soluzione che ho trovato personalmente è quella di cucinare il cibo per conto mio a casa, cercando di mantenere una dieta simile a quella che avrei in Italia. Questo mi permette di alzarmi da tavola senza avere la sensazione di malessere fisico che altrimenti avrei al ristorante.

Alla fine, però, il fascino e l'attrazione dei ristoranti *fast food* americani attirano ed è facile cadere nella trappola dell'hamburger. Normalmente, durante la settimana, mi concedo una sosta da *Five Guys,* unico ristorante di questo tipo in cui valga effettivamente la pena di mangiare, per concedermi un bacon cheeseburger, delle patatine piccole e una Coca.

Le catene di *fast food* rappresentano sicuramente un'attrazione fondamentali di ogni viaggio negli USA e, essendo note a praticamente chiunque e avendo raggiunto e conquistato il cuore di molti, non si può non ammettere che questa tipologia di ristoranti sia stata effettivamente uno dei grandi regali del XX secolo.

Osservando il funzionamento del settore da un punto di vista organizzativo ed economico, ci si rende conto di come questa nazione abbia trasferito il concetto di catena di montaggio dal settore automobilistico, in cui nasce, ad altri settori, ad esempio la ristorazione, per i quali l'applicazione di un modello simile sarebbe stata impensabile fino a pochi decenni fa.

Anche in questo settore comunque sono presenti delle differenze tra il modo americano e il modo europeo. Queste catene sono infatti delle aziende globali e offrono dei prodotti globali, quindi differenziati a seconda del mercato. Questo concetto è di nuovo trasferito dal settore produttivo dell'automotive, dove l'invenzione delle auto globali ha comportato un cambio di passo epocale nei volumi di vendita dei veicoli.

Questa applicazione nel settore dei fast food crea una vera e propria disparità dei prodotti offerti, e in alcuni casi delle vere e proprie differenze all'interno dell'azienda.

Mi spiego meglio. Fornendo dei prodotti diversi a seconda dei paesi, le aziende si trovano a dover interpretare i gusti dei consumatori; in alcuni casi, all'estero funziona meglio che nel mercato domestico.

Un caso, in questo senso, è *Burger King,* che in Italia viene considerato al pari di *McDonald's* e offre un prodotto appetibile. Negli Stati Uniti, la differenza tra queste due catene è marcatissima, con la seconda che letteralmente sbaraglia la concorrenza della prima.

Questo è dovuto essenzialmente al fatto che in America *Burger King* ha una qualità del prodotto di gran lunga inferiore a tutte le altre catene di fast food. Inoltre, un grande risentimento degli americani nei confronti di questa particolare catena è dovuto dal fatto che è detenuta da una holding canadese. Per questo motivo gli americani preferiscono mangiare nelle catene americane sfavorendo *Burger King* che, essendosi concertata sull'espansione globale, ha trovato fortuna altrove.

Sempre nell'ambito dei ristoranti globali, una menzione va fatta al menu di *McDonald's* che presenta anch'esso delle differenze rispetto all'offerta nostrana. Personalmente ritengo questa catena uno degli esempi imprenditoriali più di successo della storia, che ben rappresenta il concetto di *american dream* e che, anche dal punto di vista del prodotto offerto, mantiene un buon rapporto qualità prezzo.

L'unico problema che ho nel mangiare da *McDonald's* negli Stati Uniti è la mancanza del mio adorato *Crispy McBacon,* uno dei panini più amati dagli italiani e offerto soltanto nel nostro paese. L'origine di questo panino non è da attribuire però a *McDonald's*, ma a una catena italiana di nome *Burghy*, di Milano, che tra gli anni '80 e '90 traduceva in chiave italiana il successo della catena americana.

Nel 2006 *Burghy* viene definitivamente inglobata nell'espansione italiana del colosso americano e, insieme agli stabili dei ristoranti e al marchio, entra a far parte del menu di McDonalds anche il panino di Burghy che viene rinominato proprio *Crispy McBacon*.

Una menzione d'onore, infine, va a *Wendy's,* la catena originaria di Dublin, nord ovest di Columbus. Questa catena è infatti una meta obbligatoria per tutti i cittadini della capitale dell'Ohio, ma non solo, proprio per quello che rappresenta per tutto il Midwest.

Questa catena presenta una grandissima differenza rispetto agli altri fast food: la gentilezza e la cordialità del personale. In puro stile midwestern, l'azienda ingloba i concetti di cordialità comuni a tutte le persone della regione e, per questo motivo, trova un grande apprezzamento proprio da parte dei midwesterner.

Un aneddoto collegato a questa azienda rende molto bene l'idea di come la dirigenza abbia da sempre a cuore il benessere e la tutela dei dipendenti, cosa non proprio scontata negli USA.

Negli anni '80 *Cooper&Lybrand,* la moderna PWC, era l'ente certificatore dei bilanci dell'azienda e forniva anche consulenza per il miglioramento delle performance finanziarie aziendali. Durante una riunione con la dirigenza dell'azienda, i consulenti fecero la proposta di ridurre il personale per favorire la crescita delle performance e un miglioramento del bilancio a fine anno.

In tutta risposta i dirigenti dell'azienda decisero di cambiare consulente, in quanto ritenevano che il personale andasse tutelato a ogni costo e messo al primo posto anche rispetto al guadagno degli azionisti della società.

Questo piccolo aneddoto rende l'idea del modo di pensare degli abitanti della regione e di come i rapporti umani siano essenziali anche per alcune grandi corporation.

Come si può vedere dunque anche l'America ha delle particolarità dal punto di vista della ristorazione e, anche se ci sono delle differenze incolmabili su come venga concepita, gli americani sono stati in grado di esportare a livello globale il loro modo e a farlo assimilare anche ad un popolo difficile come il nostro.

"Ma voi, in Italia, come fate a bere il caffè senza Starbucks?"

Questa è una delle domande più frequenti che un americano di ritorno da un viaggio in Italia possa porre ad un italiano in visita negli Stati Uniti.

Il caffè rappresenta uno dei fattori determinanti della nostra cultura ed è sicuramente molto rappresentativo del nostro modo di vivere, così come il tè per gli inglesi.

Per questo motivo, ogni volta che un italiano sente queste parole pronunciate da un cittadino statunitense, un brivido percorre tutta la spina dorsale.

Il fatto è che per noi il caffè rappresenta una vera e propria religione, con delle regole ben precise per il consumo, come per esempio il cappuccino mai dopo le undici della mattina, che rende difficile l'abitudine a un concetto di consumo di caffè estremamente diverso dal nostro.

Per gli americani, il caffè rappresenta un compagno di lavoro, un caldo amico che ci si porta in giro nelle fredde giornate invernali. Il caffè in America è caldo e lungo perché deve durare una mattina intera, o quanto meno per il tragitto verso il lavoro e il tempo utile ad accendere il computer in postazione, e il cervello.

Esistono alcune catene di caffetteria, ma il caffè americano è Starbucks. Le offerte di questa grande azienda della caffetteria sono molte, dal semplice caffè americano, alle varietà stagionali, fino al mio preferito, il *Chai Tea Latte*.

Ho deciso di includere Starbucks e dedicargli un capitolo perché rappresenta una vera e propria tappa fissa degli americani e di conseguenza ci sono molte storie connesse.

Inizio col dire che da buon italiano Starbucks è terribile, il caffè non è assolutamente paragonabile al nostro espresso ma, nonostante ciò, ci sono delle cose salvabili e che meritano l'attenzione del pubblico, anche proveniente dall'Italia.

In Italia Starbucks esiste da pochissimo, e questa assenza è dovuta a una ritrosia dell'azienda stessa a penetrare il mercato italiano, sapendo già in partenza che la reazione non sarebbe stata all'altezza degli investimenti.

Come al solito però, la novità porta tutti gli italiani a provare il prodotto e, nel caso di Starbucks, praticamente chiunque si è trovato almeno una volta con la classica tazza di carta in mano.

Il risultato. A parte l'euforia iniziale gli italiani sono tornati ben presto a ripopolare i bar delle strade italiane, abbandonando Starbucks subito dopo aver fatto una foto e averla postata sulle *stories* del proprio profilo Instagram.

Starbucks rimane però in Italia per una ragione molto importante. Per i turisti che vengono nel nostro paese, specialmente se americani, il fatto di trovare una catena internazionale che permetta loro di avere lo stesso prodotto che avrebbero sulla via verso il lavoro è impagabile.

Starbucks è questo, una tazza di carta, un cartoncino protettivo per non scottarti, con un nome scritto sopra e un aroma di caffè che non può che diffondersi e svegliare i sensi nelle fredde mattine di inverno.

Starbucks è anche altro però. File interminabili di gente ferma ad aspettare il proprio caffè, camerieri confusi che non riescono a venire a capo di un semplice *double espresso*, nomi sistematicamente sbagliati - sono dovuto arrivare a dirgli che mi chiamo Jay, perché Jack per loro è comunque troppo difficile da scrivere - e muffin alla banana a 2,75 dollari.

Ma nonostante tutto si ama Starbucks, si ama la frenesia del mattino, la varietà delle persone che lo frequentano e i ragazzini che prendono il caffè e la merenda prima di andare a scuola.

Il fatto che questa catena sia diventata di portata internazionale e che, nonostante un servizio assolutamente scadente, gli americani continuino a preferirla ad altre catene minori, fa capire quanto il carisma di un marchio e l'idea vincente di un prodotto o di un servizio facciano effettivamente la differenza.

Senza i placement involontari nei film, il fascino delle strade di New York alla mattina popolate da persone e tazze di caffè Starbucks, il cui fumo si lega a quello dei tombini, e la generale capacità del marketing di attirare nuovi clienti sicuramente l'azienda non godrebbe della notorietà e della risonanza di cui effettivamente gode.

L'azienda, nonostante questa grande platea di clienti, ha subito gli effetti disastrosi del Covid, soprattutto all'estero, ma anche nelle grandi città americane, dove nel 2020 è stato imposto un lockdown come nei paesi europei.

Questo ha portato l'azienda a dover chiudere diversi punti vendita, anche sul suolo americano, per far fronte a bilanci in calo e performance dei titoli azionari estremamente negative.

Al di là di questa digressione sul recente passato dell'azienda, la capillarità ancora una volta gioca un ruolo importantissimo e la massiccia presenza dei punti vendita in qualunque punto della nazione permette all'azienda di Seattle di mantenere stabile il proprio rapporto con i clienti.

Starbucks è sicuramente una delle aziende più note del panorama statunitense, anche all'estero, e la sua fama è dovuta essenzialmente a una grande semplicità nell'offrire il proprio prodotto, in puro stile *West Coast*. Sicuramente per noi italiani Starbuck rappresenta l'ennesimo tentativo da parte degli americani di copiare uno dei punti cardine della nostra ben radicata cultura ma, in realtà, credo che Starbucks rappresenti un punto di ritrovo, dove le persone possono trovare ristoro e con un caffè lavorare al tavolo, ripassare la parte prima di un provino o scrivere un libro trasportati dall'aroma del caffè e dal rumore delle macchine per l'espresso, oppure, più semplicemente, entrare, prendere il caffè e andare a lavoro.

Starbucks rappresenta l'essenza dell'America che aspira a qualcosa di più grande, un riscatto o una vita migliore, e tutto parte da un caffè.

Arriviamo al punto di discussione principale sollevato da tutti gli italiani di ritorno da un viaggio negli Stati Uniti

Com'è effettivamente guidare in America?

Anche in questo caso le differenze sono tante e alcune peculiarità rendono la guida negli Stati Uniti a volte molto diversa rispetto a come siamo abituati in Europa.

Noi italiani siamo riconosciuti a livello globale per essere molto poco rispettosi delle norme stradali quando siamo alla guida della nostra automobile e questo gli americani lo sanno e non lo apprezzano.

Tendenzialmente, infatti, gli americani rispettano le regole alla lettera, per evitare di incorrere in spiacevoli inconvenienti, come la galera.

Esatto, se si infrange il limite stradale di molto, o se si viene fermati dalla polizia per guida in stato di ebrezza, la pena è una notte in cella. Per questo motivo chiunque, in America, si guarda ben bene dal fare follie alla guida, con delle dovute eccezioni.

Lo stato dell'Illinois, e Chicago in particolare, è considerato lo stato dove le persone fanno letteralmente ciò che vogliono alla guida dato che molto spesso sono i poliziotti i primi a eccedere, e di molto, il limite di velocità.

I *locals* di Chicago, noti a livello nazionale per mettere in luce i grossi problemi della città prima di parlare delle bellezze che la *wind city* ha da offrire, sono soliti avvisare chi viene da fuori circa i pericoli in cui si incorre percorrendo le *highways* nel loro stato.

A parte queste rare eccezioni, come detto, gli americani sono molto attenti a rispettare qualunque regola imposta. Ma sono davvero così stringenti i limiti stradali?

La risposta è di nuovo molto semplice. Dipende.

Dipende dallo stato, dal momento del giorno e dalla strada che si percorre.

Nella tangenziale di Columbus, per esempio, con un limite di 65 miglia orarie non è difficile avere un traffico scorrevole che percorre il tratto ad 80. In questo caso, seguendo l'andamento del traffico, nessun poliziotto potrà mai fermarvi e sanzionarvi.

Ci sono casi però che impongono prudenza e rispetto assoluto dei limiti stradali. Un caso è il limite in prossimità delle scuole. Generalmente, in concomitanza all'uscita da scuola degli studenti, il limite nelle strade limitrofe alla scuola cambia, passando da un canonico 35 delle zone urbane a scorrimento veloce, a un più consono 20, per ridurre al minimo il rischio di incidenti con bambini e ragazzi.

Un altro fattore determinante per quel che concerne i limiti stradali e il loro rispetto è lo stato. L'Ohio è uno stato abbastanza permissivo in questo senso. Ci sono stati, invece, in cui i limiti vanno rispettati alla lettera.

Nel Midwest, gli stati in cui bisogna fare maggiormente attenzione sono l'Indiana e il West Virginia. Nel primo i poliziotti pattugliano massicciamente strade e autostrade in cerca di persone da multare per eccesso di velocità; in West Virginia, uno degli stati più piccoli degli USA, i limiti autostradali sono molto più bassi rispetto agli stati limitrofi, e questo porta ad un rischio concreto di eccederli e anche di molto.

Ma quindi a cosa bisogna fare attenzione per evitare di prendere le multe quando si guida in America?

Per prima cosa non preoccupatevi delle telecamere e autovelox. Gli americani sono ancora restii a utilizzare queste moderne apparecchiature per il monitoraggio del traffico, forse perché queste tecnologie permettono ai multati di farla franca non dichiarando il conducente.

Il più comune metodo di monitoraggio del traffico è tramite volante posizionata tra le due carreggiate dell'autostrada. Molte volte nei film americani si vedono le vetture degli sceriffi americani ferme a bordo strada in attesa di scovare qualcuno con il piede più pesante del normale, e questo è effettivamente il metodo più comune utilizzato dai poliziotti americani.

C'è però un altro metodo utilizzato, peculiare allo stato dell'Ohio. Sulle autostrade ci sono ogni 250 metri delle linee bianche trasversali che apparentemente non hanno senso.

Queste linee trovano un senso non appena qualche locale vi spiegherà il loro funzionamento: permettono di cronometrare le auto nel traffico e di vedere chi effettivamente eccede il limite.

Come viene fatto questo monitoraggio? Molto semplice, con l'utilizzo di un elicottero.

Questo metodo non è molto amato dai cittadini dello stato, che, oltre a sentirsi sempre pedinati da elicotteri e aerei, vedono spesi i soldi delle tasse per alimentare questo incredibile spreco.

Entrando più nello specifico nelle differenze tra la guida in Europa e la guida negli Stati Uniti, troviamo delle particolarità che a volte possono avere poco senso, ma che in realtà nascondono delle utilità incredibili per lo smaltimento del traffico cittadino.

La prima grande differenza che probabilmente è nota a molti è la regola per cui in America si possa sorpassare a destra. In Europa e nella maggior parte delle nazioni mondiali questa regola non esiste, ed è proibito sfilare il traffico sulla destra. In America ogni corsia è buona per sorpassare il traffico circostante, sia sulle autostrade che sulle strade urbane a più corsie.

Questa regola, a mio avviso, crea delle situazioni a volte molto pericolose, in cui i camion, che in America, non essendo limitati, viaggiano alla stessa velocità del traffico, sorpassano le automobili nel traffico sulla destra.

Fortunatamente non mi è mai successo nulla di catastrofico alla guida, ma ogni volta che si effettua un sorpasso è sempre bene guardare più volte il traffico circostante prima di iniziare la manovra.

La seconda differenza, questa forse meno nota, è legata al traffico semaforico. In America, nel 90% dei semafori, la svolta a destra è consentita anche col rosso, sempre mantenendo un livello alto di prudenza e controllando il traffico circostante.

Ci sono casi in cui la svolta non è consentita, per la pericolosità dell'incrocio o perché il traffico in quel preciso momento del giorno è troppo congestionato. In questi casi vi è sempre un cartello vicino al semaforo con la dicitura *no turn on red* che non permette la svolta.

Questa soluzione consente al traffico nei pressi di un semaforo di essere smaltito molto più in fretta rispetto alle soste semaforiche in Europa.

Un'altra caratteristica della guida in America è lo stop. In questo caso la regola è parecchio diversa rispetto alle nostre regole in Europa.

In Europa nelle intersezioni gli stop sono sulle strade minori che si immettono sulla strada principale. Negli Stati Uniti, lo stop è situato su tutti e quattro i lati dell'intersezione costringendo tutte le auto, provenienti da tutti i lati della strada, a doversi arrestare. Come funziona quindi questa logica?

Molto semplice. Funziona come il sistema di smaltimento logistico delle merci *FIFO, first-in first-out.* Quando si arriva a uno stop, e sopraggiungono altri veicoli dalle altre tre direzioni, si deve attendere l'arresto degli stessi prima di procedere per l'ordine di arrivo. Questo metodo crea delle confusioni incredibili e casi in cui non si sa letteralmente cosa fare, soprattutto quando due macchine arrivino allo stop allo stesso tempo.

Un'altra grande differenza che si nota solo percorrendo le strade americane nelle prime ore del giorno è la presenza degli autobus gialli sulle strade.

Non so quanti di voi conoscano la regola per cui non si possa assolutamente sorpassare l'autobus quando fermo e col segnale di stop attivo. Le pene per questa infrazione sono severe poiché, come nel caso del limite nelle zone scolastiche, i diretti interessati sono bambini e ragazzi.

Queste regole rendono sicuramente la guida negli Stati Uniti molto peculiare ma non appena vengono capite e imparate, guidare oltreoceano non è poi così difficile o diverso.

Anzi, in alcuni casi, complici strade enormi e un manto stradale sempre perfetto, la guida è addirittura più confortevole e semplice rispetto alle strade italiane.

Ogni paese presenta delle differenze, a volte molto marcate nel modo di guidare, basti pensare ai paesi di stampo inglese, dove si guida dal lato opposto al nostro, o che utilizzano sistemi metrici diversi, come nel caso degli Stati Uniti.

Questo comporta una differenza marcata ed è forse il tratto più peculiare tra quelli elencati in precedenza, e la ritrosia degli Americani a utilizzare un sistema che sia unico a tutto il resto del mondo fa in modo che risulti a volte molto complicato e irritante non solo percorrere un tratto stradale, ma anche svolgere altre attività quotidiane.

Le distanze geografiche sono sicuramente un aspetto che crea un abisso tra i paesi europei e gli Stati Uniti.

Guardando la cartina politica americana difficilmente ci si rende conto delle distanze, poiché in molti casi si è poco abituati a leggere la scala. Se ci si soffermasse su questo piccolo ma fondamentale aspetto, ci renderemmo conto tutti che le distanze in America sono estremamente più grandi rispetto alle nostre europee.

Questo aspetto rappresenta un'altra differenza culturale che hanno gli americani rispetto a noi. Allo scoppio della guerra russo-ucraina nel febbraio 2022, ricordo che una delle discussioni al lavoro fosse sul fatto che l'Ucraina si trovasse molto vicina geograficamente ai paesi dell'Europa occidentale.

Durante quello scambio di opinioni non detti peso a questo fattore, ma successivamente mi resi conto di quanto le distanze europee siano molto più contenute se messe a confronto con l'America.

Il confine occidentale ucraino dista meno di 1000 chilometri dal confine orientale del nostro paese. Questo aspetto, molto spesso sottovalutato dagli Europei, rappresenta un vero e proprio chiodo fisso per gli americani, che molto spesso si trovano a dover percorrere lunghe distanze.

Come già accennato gli americani utilizzano la macchina per qualsiasi spostamento e, in alcuni casi, la vettura diventa una vera estensione della propria abitazione.

Gli americani passano molto del loro tempo in macchina proprio perché le distanze che devono percorrere sono estremamente più grandi rispetto a quelle che si troverebbe a percorrere un qualsiasi cittadino europeo. Per questa ragione, negli Stati Uniti esistono delle soluzioni molto particolari per permettere di ridurre il tempo trascorso in giro e ridurre le soste tra un tragitto e l'altro.

Penso sia noto a tutti il concetto *drive through* applicato ai ristoranti fast food per cui si ordina e ritira il cibo stando comodamente in macchina. Questo concetto in America è stato sviluppato e applicato a diversi altri settori.

Nella ristorazione, Starbucks e altre catene di caffetteria permettono di prendere il caffè sul tragitto verso il lavoro comodamente dalla propria vettura.

Le banche hanno sportelli esterni dedicati per operazioni semplici come prelievi o depositi.

Infine, anche le farmacie danno la possibilità di rimanere in macchina mentre si ordina il proprio medicinale o si attende la visita di un farmacista per un consulto. Anche durante il Covid le farmacie facevano test rapidi per la diagnosi della malattia direttamente dall'auto, fornendo il tampone con un operatore che guardava il corretto svolgimento del prelievo nasale.

Questi sono esempi di come le aziende americane abbiano creato dei sistemi per alleviare le soste tra una commissione e l'altra, ma il tema delle distanze rimane.

Anche a livello urbano ci si rende conto che le distanze sono molto più grandi. La dimensione delle strade e la larghezza delle corsie rende abbastanza bene l'idea di come gli spostamenti in auto siano molto frequenti e che queste strade debbano ospitare un flusso del traffico molto elevato.

Le automobili, infine, sono concepite per percorrere lunghi tragitti. Il fatto che gli americani preferiscano vetture più grandi è essenzialmente collegato al fatto di dover costantemente percorrere lunghe distanze con la propria auto, e di conseguenza la decisione è di farlo nel modo più confortevole possibile.

È difficile quindi imbattersi in auto di piccola taglia, molto care alle città europee, che difficilmente si sposano con il panorama urbano americano.

La dimensione geografica del paese e la distanza che le persone sono costrette a percorrere rappresentano a volte uno scoglio per l'organizzazione di viaggi da parte di noi europei, per mancanza di tempo o per mancanza di voglia di percorrere lunghi tratti in automobile.

Sicuramente questo aspetto degli Stati Uniti permette di osservare una nazione da un punto di vista differente e di apprezzare le bellezze naturali di una nazione molto variegata dal punto di vista geografico.

Nello stato dell'Ohio, per fare un esempio, ci si accorge solo viaggiando attraverso lo stato di come il panorama possa variare, da una parte all'altra dello stato. Nella centrale Columbus il panorama è molto pianeggiante, mentre scendendo verso sud, a Cincinnati, il territorio diventa molto collinare.

Questa variabilità e la mancanza di centri urbani di modeste dimensioni tra una città e l'altra permettono ai viaggiatori di poter apprezzare le particolarità naturali di questa nazione.

Infine, come già detto, le distanze sarebbero colmate se il trasporto pubblico fosse efficiente, in modo da ridurre considerevolmente il traffico sulle strade.

Questo aspetto, come già discusso in precedenza, rappresenta una grande lacuna del sistema americano e non permette ai cittadini di spostarsi in modo veloce e comodamente.

Con questo capitolo inizia la parte sicuramente più controversa del libro, in quanto andrò a trattare le incongruenze che animano la società americana, ancora oggi.

Cercherò di portare avanti questa riflessione nel modo più distaccato e imparziale possibile, ma sempre attraverso il racconto di episodi accaduti durante la mia permanenza e di aneddoti e racconti del vissuto di un popolo che presenta ancora delle grandissime disparità sociali.

È proprio da queste che voglio partire. In Europa l'instaurazione dei moderni stati sociali e la creazione del *welfare state* hanno portato a un miglioramento nettissimo della condizione di vita delle classi sociali meno abbienti.

Nonostante la progressiva polarizzazione della ricchezza, e la concentrazione delle risorse nelle mani di una percentuale molto ridotta della popolazione, si è progredito con il miglioramento sociale, con la progressiva salvaguardia dei diritti sociali e individuali delle persone e con il riconoscimento delle condizioni di quelle fasce sociali che fino all'inizio del secolo scorso venivano ancora considerate marginali.

Questo miglioramento delle condizioni sociali è evidente anche in una società come quella statunitense, eppure con una grandissima differenza: la mancanza di tutele sociali.

La realtà è che il governo, sia esso democratico o repubblicano, rimane molto spesso indifferente di fronte all'impotenza delle classi sociali più a rischio, concentrando risorse e tempo sulla salvaguardia dei capitali delle grandi società, che dovrebbero in un qualche modo garantire il benessere delle categorie più a rischio.

Ancora una volta, si ha di fronte un panorama estremamente frastagliato, con una differenza importante tra le grandi metropoli delle coste e le zone rurali interne al paese.

Il crocevia commerciale e culturale dei grandi centri urbani costieri fa in modo che le differenze vengano quantomeno mitigate. È proprio nelle zone interne che ci si rende conto in modo evidente delle disparità sociali e delle differenze culturali ancora presenti nel paese.

Parto col dire che è proprio l'aspetto urbanistico di città e sobborghi a fornire una chiara idea di come le persone vengano divise in fasce e ceti di popolazione.

È infatti palese come i diversi sobborghi si rivolgano a tipologie di persone differenti, e, oltre a fornire dei luoghi ideali dove vivere secondo i propri gusti estetici, questo modo di concepire i quartieri permette anche di essere isolati da persone di diversa estrazione sociale.

Esistono per l'appunto interi quartieri pensati per la società afroamericana, quelli che ancora oggi vengono definiti veri e propri ghetti, dove vigono delle regole basate sulla subcultura criminale e che sono difficili da penetrare da persone esterne.

Esisto i quartieri, o intere città, come nel caso di New Albany, pensati per la fascia più ricca della popolazione, con scuole di alto profilo, case curate e una popolazione estremamente omogenea e caratterizzata da un tratto comune, l'essere bianchi.

La differenza tra bianchi e neri in America è ancora oggi un tema molto discusso e il razzismo, molto spesso celato, rappresenta uno dei grandi aspetti controversi di una nazione che ha fatto della diversità culturale e dell'apertura ai popoli un vero e proprio punto di forza.

Sono note a tutte le notizie di cronaca provenienti dagli USA riguardanti agenti di polizia che utilizzano metodi poco ortodossi nei confronti di persone di colore, fino ad arrivare addirittura a uccidere, come nel caso ormai emblematico di George Floyd che ha portato alla creazione del movimento *BLM* e a proteste in tutta la nazione.

Neanche queste violente proteste e la presa di coscienza da parte della popolazione sono riuscite a fermare questo fenomeno dilagante di poliziotti che scaricano la propria frustrazione sul corpo di persone che non dovrebbero in alcun modo essere trattate in quel modo, almeno in uno stato democratico. Spesso, quando sento politici europei parlare del razzismo dilagante in Europa e prendere l'America come esempio di integrazione e di struttura sociale inclusiva mi viene da sorridere, pensando che queste persone non sappiano minimamente come sia strutturata la società americana o quantomeno che trattamenti vengano riservati a certe fasce di popolazione.

Il razzismo e la disparità tra bianchi e neri è sicuramente l'aspetto più emblematico di una nazione che però presenta altri problemi sociali al proprio interno.

La realtà è che, nonostante casi estremi, l'Europa è ancora oggi il continente dove l'inclusività e la salvaguardia dei diritti sono alla base del buon funzionamento della società. Molte volte semplicemente la retorica politica porta a celare parti fondamentali del funzionamento della propria società per avvalorare maggiormente le proprie idee.

La mancanza di tutele sul posto di lavoro e una struttura sociale che, come vedremo in seguito, è estremamente sfavorevole a persone in difficoltà crea il terreno fertile a una disparità sociale quasi incolmabile. Questa disparità permette difficilmente a persone in difficoltà di potersi rialzare, creando così una spirale discendente che può portare a condizioni disperate.

Dopo la crisi economica del 2008, i cui effetti sulla società americana sono stati pesanti e disastrosi, la classe media borghese è andata via via a rastremarsi, fino a diventare o il trampolino di lancio verso la classe dei nuovi ricchi o, in altri sfortunati casi, il baratro della difficoltà economica.

In tempi più recenti, invece, gli effetti della pandemia e del crollo della produttività statunitense hanno portato all'aumento, quasi incontrollato, dell'inflazione, fenomeno che sta portando a conseguenze devastanti. Anche l'Europa è stata colpita pesantemente da questo fenomeno, ma negli USA l'inflazione sta causando l'aumento spropositato dei prezzi.

Il modo più semplice per rendersi conto degli aumenti è fare la spesa. A settembre 2021, quando sono arrivato negli Stati Uniti gli effetti dell'inflazione non erano ancora troppo visibili. Solo dal secondo trimestre del 2022 si è iniziato a rendersi conto di come i prezzi dei generi di prima necessità stessero aumentando smisuratamente.

Un altro chiaro esempio di questa tendenza è l'aumento del prezzo della benzina. Ancora una volta, anche l'Europa è stata colpita duramente dagli aumenti dei prezzi del carburante, dovuti in parte alla crisi post pandemica e in parte alla crisi bellica russo ucraina.

In America, gli aumenti hanno raggiunto una dimensione molto più ampia e negativa. Il prezzo della benzina alla stazione di rifornimento è raddoppiato da settembre dell'anno scorso, quando il prezzo al gallone era di 2,75 dollari, raggiungendo un picco massimo di 5,78 dollari al gallone lo scorso giugno. Questo aumento è stato percepito in modo molto evidente dai cittadini americani, abituati a spendere delle cifre modeste per fare rifornimento.

Questo eccessivo aumento della spesa in America ha accentuato ulteriormente le disparità che erano già presenti e che hanno raggiunto una dimensione ben più ampia e negativa di quanto il governo potesse immaginare.

Questo capitolo vale un po' da introduzione di tutti i concetti controversi che creano disuguaglianza e che verranno sviluppati nei capitoli successivi.

Sicuramente è chiaro a tutti che una società che non permette alle fasce di popolazione in difficoltà di rialzarsi e aspirare a un futuro migliore, e, anzi, cerca di penalizzarle e metterle ulteriormente in difficoltà, difficilmente può rappresentare efficacemente il concetto di *american dream* che durante gli anni gli americani hanno narrato al mondo.

Un'ultima grande disparità, questa volta più riguardante un aspetto ideologico e del riconoscimento dei problemi della nazione, è rappresentato dalla differenza tra le nuove e vecchie generazioni.

Il rifiuto sistematico della guerra come metodo di risoluzione delle controversie internazionali, il riconoscimento progressivo di un sistema che difficilmente permette a tutti di poter accedere agli agi di una vita migliore, un più generale miglioramento della qualità dell'insegnamento e una più vasta partecipazione agli insegnamenti universitari fanno ben sperare su quello che può essere il futuro di una nazione che ancora oggi viene dominata dal concetto di *lobby*, che tende a privilegiare determinate fasce di popolazione, o addirittura alcune industrie produttive o dei servizi all'interno della nazione.

Queste giovani menti sono ormai più abituate a vivere in un contesto globale, lontano dall'idea isolazionista che molto spesso serpeggia ancora nei discorsi dei politici americani.

Un esempio in questo senso è la differente prospettiva sulla Cina che emerge dai racconti di persone giovani o anziane.

I giovani ritengono la Cina un possibile partner commerciale con cui intrattenere rapporti per un futuro prospero di comunione di risorse. Gli anziani, che molto spesso si sono trovati a dover combattere nelle guerre portate avanti dagli Stati Uniti nel XX secolo, ritengono la Cina una grande minaccia allo status quo capitalista americano, pensando che Pechino abbia delle analogie molto marcate con quel modo di concepire lo stato, in chiave sovietica, che ha portato alla creazione del mondo bipolare lungo tutta la seconda parte del secolo scorso.

Questa tendenza è sicuramente di buon auspicio e permette di avere pensieri positivi su quello che potrà essere il futuro della società americana, anche se ancora troppo legata a concetti di diseguaglianza della società.

Come già visto largamente, le differenze sono molte ma con questo capitolo raggiungiamo una dimensione ben più ampia e rappresentativa per la comprensione della cultura americana. Sicuramente però l'assurdità di alcune norme e la diffusione di artiglieria, a volte di tipo militare, crea nella mente degli europei dubbi sul corretto funzionamento di questa società.

Parto col dire che le armi sono uno dei pilastri fondamentali della società americana, che scaturiscono da un concetto di libertà molto noto e caro agli americani, e che difficilmente si sposa con i canoni liberali del nostro continente.

La diffusione delle armi in America è molto più massiccia rispetto a qualunque stato europeo. Questa diffusione permette di comprendere uno degli aspetti fondamentali della cultura americana, ed è proprio quello della salvaguardia e della difesa della propria individualità e dei propri valori, anche materiali.

Il diritto ad aprire il fuoco nei confronti di chiunque si presenti sul suolo di casa propria, senza avere nessuna conseguenza legale, o la sempre più frequente presenza di ragazzi folli che aprono il fuoco in scuole e centri commerciali cercando di dare pace ad una propria condizione interiore di estremo turbamento portano molto spesso noi europei a trarre conclusioni affrettate sulla diffusione delle armi da fuoco in questo paese.

Certo, il fatto di aver liberalizzato il porto d'armi nascosto in concomitanza con l'abolizione del diritto all'aborto non ha aiutato a placare il dibattito, spesso molto acceso anche negli Stati Uniti, sull'evidente rischio della liberalizzazione delle armi.

Vi è poi l'aspetto goliardico e ludico legato alle armi, per noi europei molto spaventoso, di trovarsi a grigliate con amici o celebrazioni per feste comandate e giocare al tiro al bersaglio nel cortile di casa, in modo totalmente legale e senza la richiesta di alcun permesso.

Questo aspetto rende molto bene l'idea di come gli americani concepiscano il loro rapporto con le armi e della quantità massiccia di armi stivate amorevolmente e accuratamente in ogni angolo di casa.

È quando ci si trova a parlare direttamente con gli americani che ci si rende però conto che la differenza culturale in questo senso è abissale.

La domanda canonica che viene posta, spesso anche dalle donne, è "ma voi non vi sentite poco al sicuro ad andare in giro senza armi in Europa?".

Per quale motivo dovrei sentirmi poco al sicuro, camminando per strada, o per le campagne. Questo aspetto permette di rendersi conto della distanza tra i due popoli nel rapporto con le armi.

Mi è capitato più volte di trovarmi a discutere con americani sul tema delle armi e sulla differente visione degli armamenti tra USA ed Europa. Ricordo in particolare un dibattito sulla diffusione delle armi in Europa tra me, una mia amica inglese e una ragazza americana, la quale riteneva che la scarsa diffusione delle armi in Regno Unito fosse da attribuire alla presenza della corona inglese e a una loro presunta contrarietà alla diffusione di armi da fuoco.

La distanza culturale in questo frangente è stata abbastanza evidente e cercare di spiegare come la difesa personale venga tutelata in Europa non è stato semplice, sia da parte mia, che da parte della mia amica inglese.

Questa differente visione sul tema porta molto spesso a scontri, dovuti essenzialmente al fatto che entrambi volgiamo dimostrare che il nostro sistema sia migliore di quello messo in atto nell'altro continente.

Questa loro visione nei confronti dei popoli europei è molto radicata e guardando questo aspetto con la nostra mentalità si può arrivare a un vero e proprio scontro culturale, come nel caso sopracitato della presunta illiberalità degli inglesi sul tema delle armi.

Sicuramente per noi questo aspetto rappresenta un limite importante alla crescita e lo sviluppo di un paese, con una particolare attenzione sulla salvaguardia della sicurezza collettiva, ma per gli americani questo rappresenta ancora oggi una delle parti fondamentali della propria libertà.

La distanza culturale sul tema delle armi viene a volte ridotta quando si ha modo di parlare con persone che hanno viaggiato e vedono il mondo con occhi diversi, e che perciò hanno ottenuto una elasticità mentale tale da poter pensare criticamente ai problemi che ancora oggi costituiscono dei limiti per la propria nazione.

Come vedremo ancora nei capitoli successivi, una delle grandi differenze tra ceti sociali è l'accesso allo studio universitario. Qualora una persona abbia avuto modo di studiare a livello universitario, la sua mente sarà molto più elastica, e, con ciò, anche l'abitudine a viaggiare per il mondo o aver conosciuto persone che provengono da paesi differenti con contesti culturali differenti fa in modo che il divario sia quantomeno ridotto.

Vivendo negli Stati Uniti mi sono reso conto che il problema delle armi non è per forza collegato alla diffusione, ma più che altro collegato alla mancanza di tutele collettive e di controlli che possano permettere una diminuzione sensibile di quei fenomeni da cronaca che tanto spaventano.

In definitiva, la cultura delle armi americana non può essere soppiantata da una visione liberale di stampo europeo; si dovrebbe più che altro intraprendere un percorso di salvaguardia e controllo sulle persone che intendono possedere un'arma, limitando e proibendo in alcuni casi la vendita, a quei soggetti che possono costituire un pericolo sociale.

In questo capitolo voglio trattare uno degli argomenti che più crea distanza tra l'Europa e gli Stati Uniti. I sistemi sanitari dei paesi europei si fondano praticamente tutti su un principio di salute pubblica per cui chiunque deve avere accesso alle cure di base, con delle dovute eccezioni per le cure specialistiche che possono essere ottenute solo a pagamento o con assicurazione sanitaria.

Il sistema sanitario nazionale in America presenta un funzionamento estremamente diverso dal nostro in Italia, ma anche di buona parte dei paesi europei. Questo sistema è legato alle assicurazioni, che forniscono polizze ai cittadini per poter accedere alle prestazioni mediche di ospedali, che nella quasi totalità dei casi sono privati.

Al di là, ancora una volta, della mera differenza tra USA ed Europa e il fatto che noi europei siamo spinti a preferire il nostro sistema, le assicurazioni sanitarie presentano dei punti favorevoli e, in alcuni casi, possono addirittura avere un funzionamento migliore.

Comincio col dire che non tutti gli americani hanno l'assicurazione sanitaria e che questo comporta, ancora una volta, una grossa differenziazione a livello sociale. L'ex presidente Obama tentò di ridurre questo divario con l'istituzione dell'*Obama Care*, una serie di norme che avrebbe permesso l'accesso alle cure in modo gratuito a tutte quelle persone che si trovavano in difficoltà e che non avevano disponibilità per l'istituzione di un'assicurazione sanitaria.

Agli americani il sistema sanitario privato va bene per un motivo molto semplice. Nella quasi totalità dei casi è l'azienda datrice di lavoro a fornire una polizza assicurativa al dipendente, direttamente dalla firma del contratto di lavoro, con un eventuale supplemento a carico del lavoratore che copre al massimo il 10% del costo totale della polizza. In questo modo i cittadini americani possono avere accesso alle cure, e con loro i famigliari, che vengono anch'essi coperti, con un piccolo contributo.

Le persone impiegate, con un lavoro stabile, e quindi una copertura assicurativa, tenderanno sempre a favorire questo sistema, perché permette loro di risparmiare notevoli quantità di denaro.

Il nostro sistema, infatti, ha un funzionamento molto diverso ed è essenzialmente finanziato dalle tasse che ogni anno vengono versate dai cittadini.

In America questo concetto difficilmente viene digerito, in quanto i contribuenti hanno un sistema retributivo con una pressione fiscale ben più limitata della nostra. In questo modo, gli americani si troverebbero a dover pagare delle cifre ben più alte, sottoforma di contributi, per un servizio che con molta probabilità sarebbe più scadente di quello che già hanno.

Dico così perché il sistema americano difficilmente si sposa con il sistema sanitario comune ai paesi europei, per due semplici ragioni. La dimensione della nazione in sé e l'assetto politico della federazione, con delle autonomie molto più ampie ai singoli stati, rischierebbero di causare dei seri problemi nell'organizzazione del sistema sanitario che, con l'assenza di aiuto da parte del sistema assicurativo o da strutture private autofinanziate, rischierebbe di crollare su sé stesso molto rapidamente.

Sempre per il concetto di individualismo comune a tutti i cittadini americani, la sanità pubblica risulterebbe una strada poco percorribile, in quanto la salvaguardia della salute collettiva non è ben rappresentata dalla mentalità dei singoli cittadini americani, con grandi ripercussioni sulla salute delle persone più deboli.

L'obesità rappresenta sempre di più un grave problema sociale per gli Stati Uniti, essendo questa malattia una delle più comuni cause di morte nel paese. Ancora una volta la presidenza Obama ha tentato, durante gli otto anni di mandato, di ribaltare questa tendenza e di cercare di attuare politiche per il miglioramento della salute dei cittadini.

Infatti, a parte gli sforzi della famiglia Obama per creare una società più sana dal punto di vista della salute, le politiche statali in questo senso sono sempre state molto limitate negli anni.

Si può facilmente trovare una ragione a questa mancanza di politiche del governo americano che favoriscano uno stile di vita più sano per la popolazione. Il già citato concetto di *lobby* rappresenta un'importante parte del sistema politico statunitense, per cui le grandi corporation del cibo confezionato fanno pressione sui partiti al governo affinché vengano scoraggiate delle politiche sociali che porterebbero alla limitazione del consumo di cibi e bevande dannose per il corpo.

Questo avviene non solo per l'industria del cibo confezionato, in quanto i gruppi di pressione delle grandi industrie americane sono parte integrante del sistema, grazie alle quali i candidati possono facilmente finanziare le proprie campagne elettorali in cambio di favori alle industrie vicine al partito.

I gruppi di pressione sono ovviamente legati anche al comparto assicurativo, le cui compagnie, grazie alla pressione sullo stato, riescono facilmente a ottenere profitti maggiori, aumentando i premi assicurativi proprio su quei soggetti che non godono di uno stato di salute eccellente.

Anche con il Covid si è assistito a un fenomeno di questo tipo. La gestione del Covid negli USA è stata molto diversa rispetto alla quasi totalità dei paesi europei, con delle libertà maggiori sia dal punto di vista degli spostamenti, con l'assenza, tranne in casi eccezionali come quello di New

York, di lockdown come nei paesi europei, sia dal punto di vista delle cure, con una minore spinta alla vaccinazione.

Queste norme di libertà sono legate a due fattori. Il primo è quello noto della tutela della libertà individuale, per cui ogni individuo deve avere la libertà di circolare senza alcuna restrizione. Il secondo fattore è ancora una volta legato al sistema sanitario e al collegamento con le compagnie assicurative.

Il fatto che gli ospedali americani non pesassero sulle casse dello stato e, anzi, fornissero dei grandi profitti alle compagnie assicurative con le parcelle mediche dei pazienti ha permesso praticamente alla totalità degli stati di attuare norme anti-diffusione molto più permissive degli stati europei, dove invece la pressione degli ospedali era ed è a diretto carico dello stato.

Queste logiche di funzionamento del sistema sanitario americano costituiscono un grande punto di dibattito per noi europei, specialmente sul fatto che, dal nostro punto di vista, sarebbe inaccettabile il fatto di richiedere il numero di polizza assicurativa, o peggio la carta di credito, come garanzia verso la prestazione medica rilasciata non appena venga varcata la soglia di ingresso della clinica.

Questo aspetto crea dei dibattiti, ma la realtà è che in un paese con 350 milioni di abitanti e una struttura amministrativa e burocratica così macchinosa e complicata, pensare di mettere in piedi un sistema sanitario simile a quello dei paesi europei sarebbe un grandissimo errore, ed è il motivo per cui le norme in materia di salute pubblica proposte dal presidente Obama durante il suo mandato presidenziale siano state poco apprezzate dalla maggioranza della popolazione americana, che gode in ogni caso delle tutele sanitarie grazie alle assicurazioni.

Con questa disamina sulla struttura sanitaria statunitense voglio far capire ancora una volta che il concetto di giusto o sbagliato è molto relativo ed è basato sul panorama valoriale che ognuno ha, e al vissuto di ognuno di noi. È ovvio, dunque, che una persona proveniente dall'Europa prediliga il sistema inclusivo europeo, ma bisogna comunque riflettere su come si è arrivati ad avere quel sistema, e come i diversi assetti statali amministrano i vari sistemi sanitari nazionali. La materia sanitaria è infatti una delle poche a essere amministrata a livello nazionale e non a carico di enti europei comuni, in quanto questo creerebbe delle differenze tra paesi che porterebbero presto allo sgretolamento del sistema, così come avverrebbe se gli Stati Uniti creassero un sistema simile al nostro.

L'ultimo punto di discussione che voglio affrontare, che è anche il motivo per cui mi trovo a scrivere questo libro, è il rapporto degli americani con le istituzioni universitarie.

Anche in questo caso le differenze sono molteplici e, come nel caso del sistema sanitario, l'istruzione americana è quasi interamente rappresentata da enti privati.

È possibile trovare delle istituzioni pubbliche nelle scuole di grado inferiore, come le *high schools,* ma a livello universitario è praticamente impossibile trovare istituzioni pubbliche e questo si traduce in un elevato costo di accesso all'istruzione.

Ancora una volta questo aspetto rappresenta una grave lacuna rispetto al sistema europeo, dove l'accesso alle istituzioni universitarie è molto più ampio e alla portata di un maggior numero di persone.

Esistono comunque casi in cui le persone possono accedere all'insegnamento universitario senza dover sborsare cifre folli. Il modo più semplice e più comune è rappresentato dalle borse di studio, che essenzialmente si dividono in due categorie, quelle per meriti sportivi e quelle che premiano il percorso didattico del candidato.

Nel primo caso, le istituzioni scolastiche americane hanno uno stretto rapporto con le leghe sportive studentesche, che in alcuni casi possono fornire degli ingenti finanziamenti alle scuole. Per questo motivo lo sport rappresenta, a livello scolastico, una delle principali fonti di introiti per le scuole, che hanno modo quindi di pagare il personale docenti, e il mantenimento del buon funzionamento della scuola in sé.

Anche a livello universitario, finanziamenti che entrano, sottoforma di sponsor o di introiti da parte delle leghe sportive, spingono le università a guardare con molta attenzione agli aspiranti campioni o campionesse nelle varie discipline sportive. Un esempio di quanto sia sentito lo sport a livello universitario negli Stati Uniti è rappresentato dal *football* studentesco. Questo sport, praticato a livello universitario, è seguitissimo, e in alcuni casi è più apprezzato rispetto alla massima lega del *football* americano, la NFL.

Nel caso della principale istituzione universitaria dello stato dell'Ohio, la *Ohio State University,* si raggiunge una dimensione ancora più ampia. La squadra che milita nel campionato universitario di football gode di un seguito impressionante da parte di tutta la popolazione della città di Columbus, ma non solo.

Lo stadio della squadra, che si trova all'interno del campus universitario, è un vero e proprio landmark di Columbus. Lo stadio, a forma di ferro di cavallo, è stato infatti costruito nel 1922 può ospitare fino a 102,000 tifosi.

Durante i sabati, giorno dedicato al campionato universitario, le strade di Columbus si popolano di persone vestite di rosso e grigio, colore della squadra, che si dirigono allo stadio a vedere la partita dal vivo, o nei bar per godersi il match con una birra in compagnia.

Questa dimensione dello sport studentesco americano permette di comprendere come sia possibile che gli studenti possano ottenere delle borse di studio per l'accesso a università prestigiose per meriti sportivi.

L'altro metodo per accedere alle università con borse di studio è per meriti personali. L'impegno di uno studente in determinate materie, specialmente scientifiche, viene molto spesso ripagato con l'accesso prioritario, e gratuito, nelle più prestigiose università del paese. Se per il caso degli sport le università contano sugli sponsor di aziende e sui soldi che arrivano dalla lega, nel caso delle borse di studio per merito la ricerca dei candidati è attuata per un motivo molto simile.

Le grandi aziende americane lavorano a stretto contatto con le istituzioni universitarie del paese, per poter portare avanti ricerche importanti nei campi più disparati, dalla medicina, alla tecnica e dalla scienza teorica fino all'informatica. Per questa ragione le università vanno alla ricerca di talenti in tutto il paese per poter essere sicuri di trovare candidati ideali a portare avanti le ricerche scientifiche commissionate dalle grandi aziende, con conseguenti investimenti di grande portata sottoforma di infrastrutture e di fondi di ricerca.

In questo modo persone dotate di grande intelletto, che difficilmente potrebbero accedere agli studi universitari in modo autonomo, riescono a intraprendere un percorso che spesso li porta ad ottenere risultati di portata internazionale.

Questo sistema delle borse di studio permette di premiare le capacità di ognuno e alle università di migliorare la visibilità e la risonanza a livello internazionale. Se le università americane vengono spesso annoverate tra gli istituti più prestigiosi al mondo è proprio grazie al sistema delle borse di studio e degli introiti provenienti dallo sport universitario e dalla ricerca scientifica.

Vi sono altri modi per accedere allo studio universitario, ma in modo non di certo gratuito e spesso molto costoso. Uno dei metodi principali di accedere alle istituzioni universitarie è attraverso lo *student loan*, un vero e proprio prestito bancario per poter coprire le tasse universitarie degli anni passati negli atenei. Questo sistema è molto frequente negli Stati Uniti, e permette a un numero maggiore di persone l'accesso all'istruzione accademica.

Ma allora, per quale motivo una persona dovrebbe accendere un mutuo per poter accedere agli insegnamenti universitari? La risposta è più semplice di quanto sembri e basta ragionare in base al rapporto tra istruzione e lavoro.

A differenza dell'Europa, dove una laurea spesso costituisce solo la base di partenza per poter accedere al mondo del lavoro, in America il rapporto tra insegnamento universitario e mondo del lavoro è molto diverso. Una delle informazioni principali che vengono fornite agli aspiranti studenti statunitensi quando si approcciano ai percorsi universitari è il salario che, con molta probabilità, andrebbero a percepire una volta concluso il percorso di studi. Questo accade nella presentazione di ogni corso universitario, e permette a tutti di capire quali possano essere le pretese per una futura carriera lavorativa.

In questo modo chiunque può avere un'idea di quella che potrà essere la propria vita una volta conclusa la carriera universitaria e di valutare con estrema cautela se effettivamente valga la pena accendere un mutuo per aspirare a una carriera lavorativa migliore.

Il discorso è molto semplice, il sistema americano non è saturo come quello europeo e per questo motivo il fatto di avere una laurea, meglio ancora se accompagnato da un master, permette agli studenti di avere un grande vantaggio comparato rispetto alla concorrenza.

I dati parlano chiaro. Circa il 20% della popolazione statunitense ha una laurea e la percentuale scende drasticamente se si considera il secondo step, quello che noi chiameremmo magistrale, rappresentato dal *master*, che permette di concentrarsi su argomenti ancor più specifici.

La percentuale di americani che hanno conseguito un master scende infatti a meno del 10% e se si analizzano i dati più da vicino si capisce ancora una volta che anche in campo universitario esiste un divario estremo tra differenti ceti e gruppi sociali.

Il Sole 24 Ore, nel 2020, ha analizzato il percorso scolastico degli americani in base alla loro etnia. I dati sono molto significativi e permettono di comprendere come l'accesso all'istruzione di alto livello sia essenzialmente limitata a un ristretto gruppo sociale.

Infine, vorrei soffermarmi su quello che è l'aspetto puramente scolastico della vita universitaria americana per poter mettere in luce le differenze tra il nostro sistema scolastico e il loro. Ovviamente non posso parlare di quello che è il percorso scolastico prima dell'università per gli studenti americani, non avendo avuto modo di frequentare le scuole di grado minore, ma mi concentrerò sull'università.

Uno degli aspetti fondamentali dell'istruzione universitaria lo abbiamo già discusso ed è l'accessibilità limitata, che rappresenta una barriera per gli studenti che intendono intraprendere il percorso universitario.

Un altro aspetto fondamentale del sistema universitario in America è la pragmaticità degli insegnamenti. A differenza del nostro sistema, l'insegnamento delle materie in America è sempre volto alla soluzione di un problema presentato, quasi a preparare lo studente a quella che sarà la futura vita professionale.

Questo metodo permette sicuramente di arrivare più preparati sul posto di lavoro e di essere pronti a gestire le problematiche che si possono presentare nella vita di tutti giorni. D'altro canto, però, è bene specificare che il livello di cultura e conoscenza degli statunitensi è di gran lunga inferiore al nostro, con lacune importanti in materie come storia e geografia.

Queste loro grandi mancanze nello studio dei concetti di base per comprendere le logiche che governano il mondo fanno in modo che chiunque si approcci al sistema americano con la formazione europea, italiana in particolare, abbia dei vantaggi non indifferenti.

Il nostro sistema scolastico basato essenzialmente sull'insegnamento dei concetti e delle nozioni nelle diverse materie permette di ottenere una conoscenza molto più fitta e un bagaglio culturale molto più ampio rispetto a quello che viene fornito con il sistema americano.

L'ultimo grande vantaggio del sistema universitario americano è rappresentato dalla velocità con cui ogni studente riesce ad ottenere una grande esperienza in un tempo molto limitato. Il fatto che la struttura scolastica sia molto più concentrata sul raggiungimento di un obiettivo, con l'insegnamento delle pratiche e nozioni per il superamento dei problemi lavorativi di tutti i giorni, permette di ottenere una grande esperienza già sui banchi di scuola, per poi essere applicata successivamente nel mondo del lavoro.

Eccoci dunque giunti alla fine del racconto, attraverso il quale spero di avervi dato degli spunti di riflessione sul sistema americano, attraverso l'analisi delle controversie sociali, dei racconti di vita quotidiana dagli occhi di un ragazzo con un vissuto totalmente differente.

Molto spesso ci fermiamo a pensare alle grandezze di un paese che al mondo ha dato tanto, ma che presenta al suo interno delle logiche che difficilmente si sposano con il nostro modo di pensare europeo. Questo mi ha portato a pensare alla grande fortuna che abbiamo in quanto europei, e italiani in particolare. Fortuna che prima di questa esperienza ero solito sottovalutare, concentrandomi sempre sui problemi tipici del nostro sistema.

Il fatto di essere apprezzati da tutti e invidiati per il modo di vivere la vita dovrebbe farci capire quanto possiamo essere fortunati, e dovremmo qualche volta cercare di guardarci dall'esterno in modo meno critico di quanto siamo soliti fare.

Ripercorrendo il percorso e rileggendo i capitoli mi rendo conto di come questo libro abbia subito una metamorfosi, passando dalla raccolta degli aneddoti di questo periodo trascorso lontano da casa, prima intenzione di questo racconto, giungendo a una più profonda analisi sulle logiche che governano gli Stati Uniti d'America, sempre partendo da una quotidianità diversa da quella a cui ero abituato.

La critica al sistema e i racconti di un popolo molto diverso da noi dovrebbero portare a capire quali sono i valori comuni ai popoli e a pensare a quali sono i valori di società dei paesi europei.

Spero infine di non essere stato troppo duro nei confronti dei singoli, e li ringrazio per avermi accolto e permesso di osservare da vicino la loro routine e i racconti di famiglia, che molto spesso sono diventati i punti di partenza per varie discussioni portate avanti durante quest'anno su cosa significhi davvero essere americani.

Torno in Europa consapevole che l'America è ancora oggi, per molte persone, terra di possibilità e di libertà, una terra che non guarda in faccia a nessuno e che permette a tutti di aspirare ad una vita migliore. Torno anche consapevole che questa sarà sempre la mia seconda casa, il posto che mi ha permesso di crescere e di maturare, sia dal punto di vista delle conoscenze, ma anche dal punto di vista personale, e che mi accoglierà sempre come tale anche in futuro, permettendomi di capire fino in fondo se esista o meno l'*american dream*.